# 志村けん論

鈴木 旭

朝日新聞出版

# 志村けん論

目次

［第２章］

# 家族が生んだ笑い



特別インタビュー

［第3章］

# コメディアン・志村けんの成分

［第4章］
## それでもコントにこだわった理由

［第5章］

# プロフェッショナル



装幀　フロッグキングスタジオ
写真　スギゾー（渡辺徹、ラサール石井）

# 志村けん論

# まえがき

この人に会うまで、僕は誰のファンでもなかった。

もちろん尊敬する芸人やアーティストの方はいるが、飽き性でずっとは追い続けられない。例外的に「この人は消えるべきではない」という思いから追いかけ続けたのが、コメディアンの志村《しむら》けんさんだった。

僕が生まれたのは1978年7月で、志村さんがザ・ドリフターズの正式メンバーになったのは1974年4月。僕が物心つく頃には、志村さんはテレビの中のスターだった。

覚えているのは、初期の『志村けんのバカ殿様』（フジテレビ系列）で、家臣が「殿様のおな～りぃ～！」を「殿様のおな～らぁ～！」と言い間違え、バカ殿様に扮《ふん》した志村さんが満を持して放屁する登場シーン。学校の帰り道に友だちと真似し合って大笑いしたものだ。

志村さんの笑いはとにかくわかりやすい。小学校の低学年の頃、僕が同級生の友人に「志村けんはセ・リーグ、ビートたけしはパ・リーグみたいな感じがするね」と何気なしに伝えると、妙に納得してくれた記憶がある。

当時、プロ野球の二大リーグはまったく色合いが違っていた。セントラル・リーグは読売巨人軍を筆頭にスター選手が揃っていて、テレビ中継が当たり前のようにあった。対して、パシフィック・リーグはどこか玄人《くろうと》向けで、両リーグの勝者が対決する日本シリーズにならないとテレビでは見られない。同じ分野のスポーツでありながら、全くの別物というイメージだった。

幼少期の僕にとって、まさに志村さんはお笑いの中央。漫才ブームのスターであるたけしさんは、理解できない世界を象徴する得体の知れないヒールとして映っていたのだ（もちろんその後、大好きになった。子ども時代なので悪しからず）。

ただ、人気というのは因果なもので、わかりやすいほど飽きられる。とくに僕の世代は、『志村けんのだいじょうぶだぁ』（同前）が放送されていた1987年11月〜1993年9月の間に、小学校中学年から中学3年生になっている。思春期に入って、どこか志村さんのコントを「恥ずかしい」と感じるようになった。

たとえるなら、ひょうきんな父親が自分に断りもなく授業参観に現れる感覚だ。「誰？あのおじさん」という同級生の指摘が怖くて知らん顔をしてしまう。

逆に言えば、それくらい志村さんは実家の匂いを彷彿《ほうふつ》とさせるような〝近い存在〟のスターだったのだと思う。

まえがき

バラエティー番組で世代交代があったことも大きいだろう。1988年10月にスタートした『とんねるずのみなさんのおかげです』（同前）を見て、子どもながらに「何かが変わった」と思った。

『オレたちひょうきん族』（同前）で感じた、子どもには理解し難い大人の笑い。そこに若い世代の勢いが加わって、圧倒的なスター性を放っていたのだ。少し遅れてダウンタウン、ウッチャンナンチャンが注目を浴び、ダチョウ倶楽部《くらぶ》、たけし軍団、出川哲朗《でがわてつろう》さんらリアクション芸人の活躍も目立ち始めた。今振り返ると、僕は「お笑い第3世代」のど真ん中で思春期を迎えたのだった。

そんなバラエティーの潮流の中で、1993年10月に始まったのが『だいじょうぶだぁ』の後続番組『志村けんはいかがでしょう』（同前）だった。同級生のほとんどは興味なんてない。学校で話題に上るほうが珍しかったくらいだ。なのに、僕は毎週のようにビデオデッキの「REC」ボタンを押し続けた。たぶん、不器用で職人気質の自分の父親と重なったのだと思う。

華やかなトークバラエティーには出演しないし、周りは時代遅れと感じるかもしれないが、この人だけは〝芸〟を披露し続けている。

「本物の姿を目に焼き付けたい」

僕の中で、焦りにも似た気持ちが湧き上がっていた。

そんなある日、「志村が死んだ」という噂が持ち上がった。『だいじょうぶだぁ』の終了後、しばらくゴールデン帯で番組は継続していたものの、1996年になってついに深夜帯の関東ローカルへと移ってしまった。噂が広まったのはこの時期だ。自分とドリフの番組以外に出なかったこともあり、とくに子どもたちが「そういえば最近見ないな」と騒ぎ立てたのだと思う。

1987年~1993年まで、志村さんは毎年のように『FNS番組対抗!なるほど!ザ・春秋の祭典スペシャル』(同前)に出演していたが、ほとんどが解答席の一番後ろ。『だいじょうぶだぁ』の共演者に隠れ、気配を消すようにして立っていた。司会の愛川欽也《あいかわきんや》さんからそこをつっこまれると、志村さんは「引っ込み思案なもんで」と照れ笑いを浮かべてまた引っ込む。素の志村さんは本当にシャイだった。

ただ、どういう風の吹き回しか、1997年の後半あたりから、志村さんは苦手と思われるトークバラエティーに顔を見せるようになった。ビートたけしさん、笑福亭鶴瓶《しょうふくていつるべ》さん、所《ところ》ジョージさん、明石家《あかしや》さんまさんなど、それまであり得なかった大御所たちと番組で共演するようになったのだ。

これを見た僕は、「REC」ボタンを押さなくなった。それどころか、番組を録画していたＶＨＳも、ほとんどを別のバラエティー番組で上書きした。何よりも、志村さんが再評価されて「自分の役割は終わった」という安堵があった。

それに加えて、ずっと僕が抱いていた「志村さんが消えてしまう」という情念のようなものを成仏させたかったこともあるだろう。

ただ、不思議なのは、なぜ僕がここまで志村さんに感情移入したかだ。お笑いが好きで、いろんなバラエティーを見てきた。でも、志村さんだけは追いたくなる何かがあった。

志村さん以外にも一生懸命に芸と向き合う人はいる。父親と重なる人だって志村さんだけではないはずだ。にもかかわらず、「なぜこの人に惹かれるのか」という理由がわからなかった。

２０２０年3月29日午後11時10分、その答えは永遠の謎となった。新型コロナウイルスによる肺炎で志村さんがご逝去されたからだ。多くの方がそうだったように、僕も１週間ほど途方に暮れて何もしたくなかった。

しばらくして、ｗｉｔｈｎｅｗｓ編集長の奥山《おくやま》晶二郎《しょうじろう》さんから「志村さんについて書きませんか？」と声が掛かり、やっと我に返って「書かなくては」と原稿に取り掛かったのを覚えている。

その頃、テレビやネットニュースでは志村さんの訃報を受けた特集で持ち切りだった。偉大な功績、勉強熱心な姿勢、ザ・ドリフターズ時代の苦悩、海外の評価、新型コロナウイルスの恐ろしさなど、毎日のように志村さん関連の話題が飛び交っていた。

ただ、僕が追い続けた1993年～1997年に焦点を当てた記事はほぼ皆無だった。これだけの記事が出ているのに、当時の志村さんはなかったこととしてスルーされていたのである。いつの間にか10代の頃の記憶が蘇り、怒りにも似た感情が湧き上がっていた。

僕の書いた原稿は、5000字を超えた。正直、長くて読まれないだろうという不安しかなかった。ただ、蓋を開けてみればYahoo!ニュースのトップになり、みるみるうちに閲覧数を伸ばしていく。あとから人づてに聞いたところによると、withnews上では約30万人、Yahoo!ニュース上ではその数倍の人が読んだらしい。さすがに僕も呆気に取られてしまった。

一方で、今だからこそ志村さんの魅力の理由を深掘りできるかもしれないという思いが脳裏をよぎった。子どもの頃は何も考えずに笑っていたし、思春期の頃は志村さん自身しか見ていなかった。

今度は「志村さんが見ていた景色」を追ってみたい。そんな強烈な衝動に駆られていた。

それから、志村さんをよく知るタレントさんの事務所に企画書を送り、できる限りインタビューを行った。志村さんが影響を受けた方々の映像・書籍といった資料にも、極力目を通すように心掛けた。

すると、それまで気付かなかった志村さんの魅力が徐々にあぶり出されていく。誰もが感じる志村さんの〝近さ〟の理由。志村さんがコントにこだわり続けた理由。ドリフや志村さんが後世に与えた影響など、どれも追い掛けてみて見えてきたことばかりだった。

生前、シャイで多くを語らなかった志村さん。その代わりというのは非常におこがましいが、一ファンとして最後の役割を果たす思いで書かせていただいた。

この本が出ることを知って、志村さんが喜んでくれていることを切に祈る。

本文中敬称略

［第１章］

# バラエティーに残したもの

バラエティー史において、志村の残した功績はあまりに大きい。『8時だョ！全員集合』（TBS系列）では「東村山音頭《ひがしむらやまおんど》」「ヒゲダンス」「カラスの勝手でしょ〜♪」など数々のヒットを生み出して頭角を現し、ドリフターズの笑いの幅を広げていった。

後続番組『加トちゃんケンちゃんごきげんテレビ』（同前）では、ドラマ仕立てのコントに挑戦し、加藤茶《かとうちゃ》との絶妙なコンビネーションを披露。また、ほぼ同時期にスタートした『志村けんのバカ殿様』、翌年にスタートした『志村けんのだいじょうぶだぁ』によって名物キャラクター、名物コントが次々と生み出され、国民的コメディアンとして確固たる地位を築いた。

そしてコント番組の経験で得た志村の知見は、晩年まで続いた『天才！志村どうぶつ園』（日本テレビ系列）にも生かされていく——。

## 『8時だョ！全員集合』第2期黄金時代のエース

1969年10月からTBS系列でスタートした『8時だョ！全員集合』は、70年代に入ると押しも押されもせぬ大人気番組になっていた。リーダーのいかりや長介をはじめ、高木《たかぎ》ブー、仲本工事《なかもとこうじ》、加藤茶、荒井注《あらいちゅう》という個性豊かな面々が週に一度の舞台中継で笑いを生み出していく。ドリフターズは、すっかり国民的なコントグループとして認知されていた。

プロデューサーの居作昌果《いづくりよしみ》は、著書『8時だョ!全員集合伝説』(双葉文庫)の中で「七〇年十二月には、学校コントで、年間最高視聴率四五・七%を取っている。(中略)明けて翌七一年一月には、何と五〇・四%の驚異的な視聴率となっている」と具体的な数字を記している。単純に考えて国民の半数が、土曜夜8時にテレビの前でザ・ドリフターズを見ていたのだ。

その一方で、74年3月にメンバーの荒井注が「ドリフの激しい動きについていけない」と、年齢的限界を理由にドリフを脱退(当時は「芸能界引退」を口にしていたが、同年10月に『時間ですよ・昭和元年』でドラマの主役としてカムバック)。このタイミングで付き人から正式メンバーに昇格したのが志村けんだった。最年少の志村は、当時24歳。最年長のいかりやとは19歳離れており、兄弟というよりも父親に近い年齢だった。

実は、これを後押ししたのは加藤茶だったという。正式メンバーの候補者には、付き人で「ドリフ第六の男」と呼ばれた、すわ親治《しんじ》、ジャズオーケストラ「豊岡豊《とよおかゆたか》とジョークエリントン」(後の「豊岡豊とスウィング・フェイス」)の指揮・演奏者だった豊岡豊らがいた。その中、加藤が「(ドリフのメンバーと地方公演を)一緒に回っていて作り方も知っているし、考え方も同じ」「(加藤の家に居候していて)年中ふざけあっていた志村だったら面白いかもしれない」

とリーダーのいかりや長介を説得したようだ。[*1]
いかりや長介の『だめだこりゃ』（新潮文庫）には、「荒井の代役は志村しかいない」とあるため真相は謎だが、結果的には加藤の目論見通り、グループの活性化および若返りに成功したと言えるだろう。74年4月、志村は正式メンバーとして加入。2年ほどウケない時期は続いたが、その後は怒濤の活躍を見せることになる。
76年に「東村山音頭」をヒットさせ、79年には加藤とのコンビで「ヒゲダンス」、80年には童謡「七つの子」の替え唄「カラスの勝手でしょ〜♪」のギャグで一世を風靡した。そのほか、名探偵・金田《きんだ》一耕助《いちこうすけ》に扮した〝金田一〟シリーズ、白塗りにチョンマゲ姿の〝バカ殿〟シリーズなど、志村の存在によって多くの人気コントが誕生している。
さらには、1982年4月にいかりやが「俺は、もう疲れたよ[*2]」と、ネタづくりから離脱したいと切り出した。ここで、いかりやに代わり、ネタ会議の中心を担ったのが志村だった。最年少の志村が、表でも裏でもドリフターズのエースとなった瞬間だった。

# コント55号、ひょうきん族との土曜8時戦争

志村の存在は、具体的にどんな変化をもたらしたのか。まず挙げられるのが、『8時だョ！全員集合』の長期化を促したことだ。

〝土曜8時戦争〟とも称された壮絶な視聴率競争の大本は、そもそも萩本欽一《はぎもときんいち》と坂上二郎《さかがみじろう》のコント55号とドリフターズの番組が発端となっている。1969年6月当時、TBS系列の『お笑い頭の体操』（後の『クイズダービー』）のプロデューサーだった居作が、裏番組であるフジテレビ系列の『コント55号の世界は笑う』に対抗する番組をつくるよう編成から要請を受けて同年10月に『全員集合』をスタートさせたのだ。

居作がこだわったのは、「生放送」「時間をかけて徹底的に練りに練り上げた『笑い』」だった。コント55号の「ハプニングとアドリブの『笑い』」に対抗する戦略だった。[*3] しかし、これを長く続けるには、メンバーの体力とネタの幅広さが必要だ。もしも荒井注が辞めず、加藤茶だけの人気に頼っていたら、70年代後半に『全員集合』は終了を迎えていただろう。

74年に志村が加入したことで、ドリフは若返りに成功した。80年代に『オレたちひょうきん

族』との死闘を繰り広げた背景には、志村という存在が欠かせなかった。

コントそのものにも志村は影響を与えている。若さを生かしたキレのある動きは、グループが中年化しつつあったドリフに貴重なスパイスとなった。たとえば鏡に映る相手と自分の動きがズレる「鏡コント」は、ノロノロと動いていては笑いにならない。「ヒゲダンス」も軽快にステップを踏み、投げられた果物をサーベルで刺すといった芸にチャレンジする必要がある。こうした場面で息切れしたり、あまりに失敗が続いたりすればショーとして成立しなかっただろう。

また、長尺の単独シーンで笑わせたのは志村が初めてだった。それまでボケを担っていた加藤は、ところどころひとりになるシーンこそあるものの、あくまでもメンバーとのチームワークの中で笑わせていた。一方の志村は、舞台にひとり取り残された状態をメインとするコントで存在感を発揮している。

わかりやすいのが、金田一シリーズのコントだ。照明が暗くなり、志村だけにスポットが当たる。家屋をウロついていると、背後に死体や亡霊が現れて志村が滑稽にあわてふためく。こうした仕掛けが続く中で、しばらく志村が気付かなかったりすると、コントに入り込んだ会場の子どもたちが、「志村、後ろー！」と声を上げ始める。この一連の流れは、志村の独壇場だった。いかりやとの上下関係からくる笑いだけでなく、〝孤立〟という状況設定の中で笑いを生み出していたのである。

世界的な音楽の流行をコントに持ち込んだのも志村だった。79年～80年にかけて披露していた番組後半のショートコント「ヒゲダンス」は、志村が傾聴していたソウルミュージックがBGMの元になっている。付き人時代にソウルが好きになり、ドリフの正式メンバーになってから新宿のディスコで黒人バンドの演奏を聴いて、ますますハマっていったという。*4 77年に制作されたアメリカ映画『サタデー・ナイト・フィーバー』のヒットが象徴しているように、一般的なディスコブームの流行もあり、ヒゲダンスは爆発的な人気を呼んだと考えられる。

## 『ごきげんテレビ』での最新VFX映像コント

『8時だョ！全員集合』の終了後、間もなく放送されたのが『加トちゃんケンちゃんごきげんテレビ』だ。TBS側から声が掛かり、ドリフのエースである志村と加藤がタッグを組むことになったのだ。そもそもフジテレビ系列の『ドリフ大爆笑』でも2人は絶妙な掛け合いを見せていた。そのイメージを裏切ることなく、ドリフとは一味違うキレのある笑いを生み出していった。

とはいえ、番組構成は『全員集合』と同じだった。『全員集合』の基本的な流れは、前半にドリフのメンバー全員で22分ほどのコントを披露し、ゲストの歌を挟みながら少年少女合唱隊、ショートコントと続いてエンディングを迎える。志村は、これを踏襲して「自分たちが本当にやりたいこと」にもっとも時間を掛け、ホームビデオの投稿コーナーやゲストが参加するショートコントとのコントラストをつけるよう心掛けた。[*5] このあたりに、いかりやの方法論を引き継ぐ意志が垣間見える。

しかし、明らかな違いもあった。その代表的なところが映像へのこだわりだ。メインの「THE DETECTIVE STORY（探偵物語）」は公開収録ではなく、ビデオ収録の短編ドラマ形式のコントだった。志村と加藤は、マンションの一室に住居を兼ねた探偵事務所を構えるパートナーという設定だ。基本的には謎の人物〝ボス〟からの電話をきっかけに、依頼主にまつわるドタバタ劇が展開されていく。この設定の利点を存分に生かし、さらに志村はコントの可能性を追求していった。

ホラー映画にヒントを得た回では、最新のＶＦＸ（視覚効果）が使用されている。ネズミと人間、ネコとヘビ、ワニとカエルを掛け合わせたような不気味なモンスターたちが続々と登場し、人間界を襲うような放送回が何度かあった。もちろん笑いどころもあるのだが、子ども心に映像そのものに驚いたのを今でも思い出す。

また、グリーンバックで右半身と左半身を別々に撮り、それぞれの体が一つの画でうごめく合成映像のコントも斬新だった。そのオフショットも番組で放送されたが、まるで映画監督のように真剣な眼差しでモニターをチェックする志村が印象的だった。

ちなみに、1984年にアメリカで公開されたホラー映画『エルム街の悪夢』の冷酷な殺人鬼フレディ・クルーガー（ロバート・イングランド）が出演した回もある。いかに志村がホラー映画に魅了されていたかが垣間見えるエピソードだ。

80年代は『ポルターガイスト』といったホラー映画だけでなく、『グレムリン』や『ゴーストバスターズ』など、VFXを駆使してヒットしたSFコメディー映画も多い。映画好きな志村は、いち早くこれをコントに取り入れたのだ。

日本の映画界を見ると、黒沢清監督のホラー映画『スウィートホーム』（1989年1月公開）でVFXが使用されているが、公開されたタイミングは『加トちゃんケンちゃん～』のホラー回とほぼ同時期か少しあとだったと記憶する。いずれにしろ、ここまで最新技術を駆使したバラエティー番組は稀と言えるだろう。

本編に入る前の映像にもこだわりが感じられた。遠近法を使ったトリックアートのようなセットでのコント、ビルに潜入し、ある一室の金庫を開けると中にあったテレビから本編のオープニング映像が流れるというシャレた幕開け、ポイ捨てした空き缶が路上を転がっていき、最終的にビルが崩壊するまでを追ったショートショートのような映像などは、ほとんど〝短編作品〟と言えるクオリティーの高さだった。

## 80年代米バディムービーとリンク

もう一つ注目すべきは、80年代のアメリカで、いわゆる〝バディムービー〟が人気を博した点である。当時、とくに「バディ×アクション」の組み合わせは全盛を極めていた。サンフランシスコを舞台に、囚人と強面刑事が期限付きでタッグを組み、凶悪な脱走犯を追う姿を描いた『48時間』（日本では1983年公開）、家庭的なベテラン刑事と自殺願望を持つ若い刑事が、娼婦の飛び降り自殺に端を発した巨大な犯罪に立ち向き合う『リーサル・ウェポン』（1987年公開）は代表的なところだ。

実際、「THE DETECTIVE STORY」にドラマ『西部警察』（テレビ朝日系列）さながらのアクションシーンを盛り込んだ放送回もある。路上や空き地でのカーチェイス、ヘリコプターでの逃走劇、大量の火薬を使った爆破など、とてもバラエティーとは思えない迫力ある映像だった。

こうした企画が実現した背景には、相方である加藤への絶大な信頼があった。志村自身、著書『変なおじさん【完全版】』（新潮文庫）の中で「突拍子もないことというよりも、その役の中でこなせる演技の幅がすごく広い。そのへんは、まさに天才肌だ」と称賛している。これに加えて、だからこそ「（ドリフの頃に比べて）2人ともパワーが落ちてないことを見せるために、とにかく2人して動き回って、あうんの呼吸のおもしろさで見せようと決めた」と書いている。それを画として見せるため、コンビが活躍する様々な映画を観ていたことは想像に難くない。

もちろん当時はバブル全盛期であり、潤沢な予算があったことも大きいが、注目すべきはアメリカ映画との同時代性だ。どこまで意識的だったのかは不明だが、少なくとも世界的な潮流とシンクロしていた番組であったことは間違いない。

## おもしろビデオコーナーの先見性

『加トちゃんケンちゃん〜』から世界的なコンテンツとなった人気企画もある。それが「おもしろビデオコーナー」だ。

番組がスタートした1986年当時、日本で家庭用ビデオカメラの普及率は10%に満たない状況だった。当然、企画会議では反対意見が多数を占めた。しかし志村は、そんなスタッフ陣を説得してこの企画を押し通す。いずれ誰もがビデオカメラを所有する時代がくると考えたのだ。

2019年4月5日放送の『中居正広の金曜日のスマイルたちへSP』（TBS系列）にゲスト出演した志村は、その頃の状況を振り返り、「みんな『それは早いんじゃないの?』って、かなり反対を受けたんだけど、『いずれくる』って。『いずれみんな結婚式とか撮るようになる』って言って。ビデオコーナーやろうよ（と説得した）」と語っている。

実際に番組がスタートすると、まずは「おもしろビデオコーナー」の人気に火がついた。志村も直接「投稿ビデオのコーナーがおもしろい」と感想をもらうことが多かったようだ。[*6] この企画がウケたこともあり、視聴率は右肩上がりに上昇していく。最高視聴率は36%。『8時だヨ!全員集合』の全盛期に迫る高い視聴率を記録した。

しかし志村の先見性は、こんなものでは収まらなかった。この投稿ビデオコーナーは、同局TBS系列の番組『さんまのからくりTV』（後の『さんまのSUPERからくりTV』）へと引き継がれ、テレビ朝日系列の『板東英二《ばんどうえいじ》のビデオ自慢』『ビデオあなたが主役』（後の『邦子と徹のあんたが主役』を経て『必撮ビデオ!!あんたが主役』）といった多数の類似番組を生み出すことになった。

さらには、海外のテレビ局に企画のフォーマットごと販売されて長寿番組を生み出した。アメリカ版は『America's Funniest Home Videos』（アメリカズ・ファニエスト・ホーム・ビデオズ）、イギリス版は『You've Been Framed!』（ユーブ・ビーン・フレイムド）として今もなお放送され続けており、両国の在住者であれば誰もが知る番組となっている。また、このことで海外の投稿ビデオが日本に逆輸入され、日本でも放送されるようになった。[*7] とくにアメリカ版は世界100カ国以上に輸出されており、世界的な「視聴者ビデオ投稿番組」のきっかけをつくったという意味で「YouTube以前から存在するYouTube」とも呼ばれている。[*8]

世界的なテレビ史の偉業と言えるが、その根底には志村特有の感性があったように思う。というのも、志村は素人を観察してキャラクターを生み出すことがよくあったからだ。

この件について、『ビデオあなたが主役』で司会を務め、志村とコント番組での共演も多かった渡辺徹は、「芸を極めてく人って素人のすごさがよくわかってるんですよね。うそがないから、芸にプラスに働くんだと思う」と語っている。[*9]

恐らく志村は、コントのネタになる、と素人の投稿ビデオに興味を示したのではないか。それが結果として、世界的な番組フォーマットを生み出したのだと私は考えている。

## 『バカ殿様』『だいじょうぶだぁ』で確立した世界

『加トちゃんケンちゃん〜』と同年1986年4月に『志村けんのバカ殿様』が放送され、その翌年1987年11月から『志村けんのだいじょうぶだぁ』がスタートしている。この2番組によって、「コント職人・志村けん」のイメージが色濃くなっていく。

前年1986年に初の冠番組『志村けんの失礼しまぁーす！』(日本テレビ系列)が放送されているが、メインは公募で選ばれた全国の一般家庭を訪問して志村がトークで盛り上げるというもので、いわゆるコント番組ではない。やはり志村の真骨頂と言えるのは、『バカ殿様』と『だいじょうぶだぁ』になるだろう。

何よりもドリフのメンバーをレギュラーに据えることなく、志村が番組の顔となってコントを見せ始めたのはここからだ。『だいじょうぶだぁ』については、企画段階でとんねるず・木《き》梨憲武《なしのりたけ》をメンバーに加える話もあったようだが、実現には至っていない。*10 実際には、「ラッツ&

スター」のメンバーである田代《たしろ》まさし、桑野信義《くわののぶよし》、当時はアイドル歌手だったいしのようこ、松本典子《まつもとのりこ》をレギュラーメンバーに据え、新たな5人でコントをつくり始めた。ちなみにドリフのメンバーも同じ〝5人〟。2人のコント、3人のコントとバリエーションが豊富になれば面白さの可能性も広がる。その意識が、結果的にドリフと同じ5人にさせた。[*11]

一方の『バカ殿様』は、そもそも『8時だョ！全員集合』『ドリフ大爆笑』で見せていたコントの一つだった。しかし、1986年に志村の冠番組として特番化されたタイミングでメンバーが一新。初回は、家老に東八郎《あずまはちろう》、側用人に田代まさしが配役された（後に桑野信義が家老、ダチョウ倶楽部が家臣として定着するなど変動している）。

いずれの番組でも、『8時だョ！全員集合』『加トちゃんケンちゃん～』の流れを引き継ぎ、さらに深掘りしているところ、新たに挑戦しているところが混在している。

『だいじょうぶだぁ』では、二つの試みがなされている。その一つがショートコントをメインに番組を構成したところだ。これは志村にとっても挑戦であり、最初のうちは1時間の中で十数本のコントが放送された回もあった。[*12]

もう一つは、昭和を代表する喜劇役者・藤山寛美《ふじやまかんび》、由利徹《ゆりとおる》らが演じていた人情喜劇の影響が垣間見えるところだ。詳しくは、第3章の「コメディアン・志村けんの成分」で後述するが、この番組から哀愁を感じる〝濡れた笑い〟のテイストが強くなったように思う。

いずれにしろ、『だいじょうぶだぁ』から様々なコントが生み出され、その多くはシリーズ化されていった。

学生たちが友情を確かめ合う校門前、遠距離カップルが別れを惜しむホーム、時には短距離走のスタート前というシチュエーションで突如として都《みやこ》はるみの「好きになった人」が流れ、その場にいた一同が盆踊りを踊るコント。就寝前の夫婦という設定で、志村といしのが「明日早いんだよ」「何時よ」「5時に起きりゃいいか」「ご、ご、ご、5時⁉」と絶妙な掛け合いを見せる「ねごと 5時の夫婦」。あらゆるシチュエーションでセクハラまがいの行動をとる「変なおじさん」などは代表的なところだ。

『志村けんの失礼しまぁーす!』から仕事をともにし、数々のコント番組でカメラマンを務めた藤江《ふじえ》雅和《まさかず》は、名物キャラクターを誕生させていった時期の志村をこう振り返っている。

「レギュラーでやっていて、たぶんゼロから考えるっていうのは不可能だと思うんですよ。応用してアレンジして、面白いところに持っていくっていうのはあったでしょうね。どこに行っても、『何かネタにならないかな』みたいな。ひとみばあさんは、新宿3丁目の居酒屋にいるお婆ちゃんがモデルなんです。収録後の反省会で実際にそこに行ったんですけど、ビックリしました。まさにあの髪型で、「おーそっくりだ!」と思って(笑)。息が漏れるようにして話す感じもそうみたいで。そういう個性の強い人たちを、自分のコントに取り入れちゃうんでしょうね」

新しいキャラクターが誕生すると、志村は設定やシチュエーションを変えて何度も演じた。そこには、どんな理由があったのだろうか。

「『だいじょうぶだぁ』では、変なおじさんが必ず出てきますよね。それってたぶん、『全員集合』のときに子どもたちが、『志村後ろー！』とか『加藤ー！』とかって夢中になっていた感じに近いのかなって思うんですよ。テレビの向こうで、毎週そのコーナーを楽しみにしている人たちがいる。志村さんは、そんなことを想像してやってたんじゃないかな」（藤江）

『バカ殿様』では、ユニークなセットと演出が随所に施されている。「歯と胃」というコントでは、歯とのどちんこが見える口内、胃の中、二つの大掛かりなセットが組まれていた。ダチョウ倶楽部・上島竜兵《うえしまりゅうへい》が虫歯菌やピロリ菌に扮し、虫歯や胃の粘膜に向かって槍を向ける。最終的に虫歯は志村扮するハブラシマンが闘って解決し、胃の痛みは胃薬と水を飲んだことで上島にドバーッと大量の水が落ちて意気消沈してしまうというオチだ。この収録に参加していたメンバーの肥後克広《ひごかつひろ》は、そのときの驚きをこう語っている。

「セット裏に水が入ったタンクの足場を組んであって、そこにスタッフが何人もいてっていう。それがすごかったですね。そういうの〝裏回し〟って言うんですけど、ぜんぶそういうことも計算したコント。あれ見せたら面白いと思いますよ。『裏でこんなセット組んでるんだ！』っていうね。テレビで放送された表のセット以上にすごい画でしたから」

また、『バカ殿様』でもカメラマンを務めた藤江は、月へと向かう無重力状態の宇宙船の中で、シャンパンやカップ麺などが志村や共演者に向けて飛び散るコント「お月見」の撮影に頭を悩ませたという。

「志村さんから『こういうのやりたい』と言われて、『ちょっと待ってよ』ってなるじゃないですか。どう撮ればいいのか、最初は頭の中で理解できない。けど、よくよく考えたうえで『真ん中にカメラ据え付けるしかないか』ってなったんですね。すると今度は、『見ていて違和感の出ない寸法ってどこだろう』とかいろいろ出てくるわけですよ。そういう問題をセットができるまでに自分なりに解決して、センターにカメラを置けるポジション、サイズなんかを美術さんに伝えてやったんですよ」

『だいじょうぶだぁ』と『バカ殿様』、どちらも外せないのが様々な作品のパロディーシーンだ。『バカ殿様』だけを見ても、圧巻の情報量に舌を巻いてしまう。映画では『E.T.』『氷の微笑』『エクソシスト』、ドラマでは『101回目のプロポーズ』『北の国から』（ともにフジテレビ系列）、『高校教師』（TBS系列）、特撮系では『ウルトラマン』『月光仮面』（同前）、『マグマ大使』（フジテレビ系列）、そのほかTBS系列で放送された「必殺シリーズ」など、数え上げれば切りがない。いかに志村があらゆる作品に目を通していたかがうかがえる。

前出の藤江雅和は、三鷹にある志村の自宅を訪れた際の衝撃をこう語っている。

「飲み会が終わったあと、志村さんの家におじゃましたら、リビングの壁一面に大量のレーザーディスクが置いてある。別の一室を見たら、そこにもすごい量のVHSやら何やらが全部あるんですよ。本当にレンタルビデオ店ぐらいの量が。『いつ見てるんですか？』って言ったら、『飲んで帰ってきてから』とおっしゃっていました。そんなこと聞いたら、勝てるわけないじゃないですか（笑）。その後、撮影について志村さんに何か指示されたら『はい』って二つ返事ですよ」

キャラクター、設定、演出、舞台セットなど全面にわたってアイデアをひねり出し、さらに志村自身は演者も担う。志村は楽曲や映画を創作するように、決して手を抜くことなくコントをつくり続けた。

## 『志村どうぶつ園』に残した番組づくりの遺伝子

コントにこだわり続けた志村が、2004年4月に意外な番組をスタートさせた。日本テレビ系列の動物バラエティー番組『天才!志村どうぶつ園』である。

2003年10月9日にパイロット版の『志村けんの爆笑動物園』が放送されて支持を得たのは間違いないが、まさか翌年からレギュラー化し、晩年まで続く長寿番組になると誰が予想できただろうか。

同番組の企画・演出を担当した清水星人《しみずほしと》は、志村と動物番組との相性のよさについてこう語る。

「志村さんの動物好きって、『保護犬だから大事にしなきゃ』とかっていうことじゃない。もっとデッカいんですよね、動物愛みたいなものが。命を持っていれば全部大事にするっていうか。スタジオに登場するネコちゃんとかワンちゃんとかいるじゃないですか。あれって実は事前に会ってるんですよ、志村さんが前もって『触れ合っておきたい』と言って。放っておくと、本番ギリギリまでずーっと触り続けてました（笑）。動物好きは先天的なものだと思いますよ。不思議なもので動物番組を長くやってると、明らかに動物と相性がよくない方っているんですよね。動物もそういう人に距離を取りますしね、ちゃんと。志村さんはすぐ動物と仲良くなっちゃう。何かあるんでしょうね、理屈ではないものが」

志村は惜しみなく番組に対するアイデアを提案した。たとえば番組の視聴率の低迷を、志村の一言で救ったこともあったようだ。２０１９年4月5日放送の『中居正広の金曜日のスマイルたちへＳＰ』（ＴＢＳ系列）にＶＴＲ出演したタカアンドトシのトシが「番組が最初はイマイチうまくいかなかったと。そこで志村師匠に（スタッフが）聞いたら『こうしたらいいんじゃない？』って言って、その通りやったら本当に視聴率がガ～ッと上がっていった」と証言している。

具体的にはこうだ。以前はスタジオ収録ということもあり、コーナーが変わるたびにカメラを止めてセットを用意していた。しかし、志村はそれでは流れが止まってしまうと考えた。スタジオの観覧者に「ショーを観てもらう」という演出の一つとして、カメラマンがトシの坊主頭だけをアップにしたり、ハリセンボン・近藤春菜《こんどうはるな》のピンボケ映像で笑わせたりしながらコーナーを転換すれば、スタジオの臨場感が高まって視聴率にもよい影響を与えるとアドバイスしたのだ。

一方で、志村はスタジオのセットについても言及している。番組スタート当初は、共演者と観覧者の目線の高さはほぼ同じだった。しかし志村が「少しだけステージに高さをつくらないか?」と提案し、美術スタッフが30センチ高いステージを製作した。その理由について志村は「臨場感が出るし、動物の表情もよく見える」「オレたちもステージに上がるっていう意識が出て、『お客さんをもっと楽しませよう』って緊張感が湧くからね」と語っていたという。[*13]

前出の清水は、この志村のアイデアは「『全員集合』で培われたもの」だと語る。また、その提案の仕方には、ベテランにありがちな傲慢さをまったく感じなかったという。

「世の中の人たちが抱いてる志村さんのイメージって『こうしろ』っていう言い方だと思うんですよ。コントの神様みたいな方ですからね。でも、実際は『オレはこう思うんだけど、清水くんどう思う?』って相談を持ち掛けるような言い方で。だから、『怒られた!』みたいな記憶がないんです。『収録モノとはいえ、お客さんがいるわけだから、まずはその人たちを楽しませなきゃいけない』と志村さんからご提案いただいて、あの場面転換をやるようになって。それまで僕の中では止め止めが当たり前でしたから、それはもうビックリでしたよね。あとは、収録が終わったあとの(観覧客との)ジャンケンとかもそう。合間に『ジャンケンをこの段取りでやります』っていうようなやり取りをしていました。そういうのを気にする人でしたから。テレビに映ることとは関係なく、現場の雰囲気を本当に大切にするんですよ」

ゲスト出演者への気遣いも徹底していた。ハリセンボンの近藤春菜によると、志村は本番前の前室で、初めてのゲストを和ませて緊張を解いていたという[*14]。これに同席していた前出の清水は、このルーティンは志村自身のためでもあったと語る。

「志村さんって初めての人と仕事する前はすごく緊張されていて。だからこそ、前室で自分も慣れたいっていうのもあったと思うし。ゲストの方にしても、やっぱり『あの志村さんと』っていうところもあるじゃないですか。だから、あの前室は師匠(志村さん)もすごくこだわっていました。普通は師匠がいたら、みなさん楽屋挨拶に行きますからね。でも、あれが嫌なんですよ。楽屋にきて『今日、よろしくお願いします』って言われて、『あぁ。お願いします』っていうのが余計に緊張するみたいで（笑）。だから、（スタジオ）前の部屋にきても、必ず僕らはゲストを隣の席にするんですけど、『志村さん今日はよろしくお願いします』って言われて軽く会釈して。まずは（近藤）春菜さんをイジるんですよね。師匠が大福を春菜さんの前に出して。そうするとタカトシさんと春菜さんが盛り上げるじゃないですか。ゲストの方も笑ったところで、師匠が『あ、食べないですか？』って話し掛けるみたいな。一回クッションを入れるんです。本当にシャイな人でした」

チンパンジーのパンくんとのロケ現場で、志村から急に発注を受けてスタッフが駆けずり回ることもあった。ホラー映画『リング』の有名なワンシーンをパンくんで撮りたいとくれば、急遽レンガを用意して井戸に似せたものをつくった。「忍法葉隠れ」でパンくんを驚かせたいと言えば、忍者村の一角に志村が隠れるほどの穴を掘り、葉っぱをつけたシートを被せて撮影した。[*15]

「ロケ現場で突然言われて、アタフタ準備するみたいなこともありましたね。急に落ち葉を集めたりだとか、ホラー映画『リング』の貞子《さだこ》みたいなこともやったりして（笑）。ただ、共通するのは、そういうときに『こうやったらウケるよな』って言い方ではなく、パンくんって『ああいうの好きだからさ』『こうしたら驚くよな』って感じで提案されていたこと。あくまでもメインはパンくんであり、動物たちなんですよね。志村さんは、この番組に無理やりつくったような笑いは求めてなかったし、途中からは『清水くんたちがつくったＶＴＲを、オレは何も知らずに見て素の志村けんとして笑ったり泣いたり。それがいいんだよ』と言ってましたからね」（清水）

お笑い番組ではないし、何よりも「素の志村けんを見せる」という部分で、それまでの番組とは大きく違う。しかし随所にドリフの要素も感じ取れる。番組に携わった企画・制作会社「クリエイティブ30」の上村達也《うえむらたつや》によると、志村はスタッフが考えた自分の企画に対しては「納得するまで、ちょっとやそっとではＯＫしなかった」という。ドリフの企画会議は、いい案が出るまで終わらなかったことで有名だ。つくり方の根幹は、まったくブレていなかったのである。

やるからには徹底して向き合う。これが志村のすごさだ。ドリフターズで培った下地を生かしつつ、志村は古今東西あらゆるものからヒントを得て番組づくりへと落とし込んでいった。

とくに『加トちゃんケンちゃん～』『だいじょうぶだぁ』が重なった時期は、スタジオコントや公開収録、ロケ映像に志村の世界観が炸裂している。限りある時間の中で全て出し切ってやろうという〝凄み〟のようなものを感じるのだ。

＊1　テレビ東京『たけしが行く！わがままオヤジ旅3　古都金沢…爆笑珍道中』２０１８年４月14日放送
＊2　居作昌果『8時だョ！全員集合伝説』（双葉文庫）。『だめだこりゃ』では１９８４年とあるが、居作が１９８２年９月に制作局次長となり現場を離れているため、いかりやの記憶違いと思われる。
＊3　居作昌果、同書
＊4　志村けん『変なおじさん【完全版】』（新潮文庫）
＊5　志村けん、同書
＊6　志村けん、同書
＊7　志村けん『志村流』（三笠書房）。記述では「アメリカのおもしろビデオ」となっている。
＊8　ORICON NEWS「TBS『加トケン』名物企画 米版28年目で金字塔 英版も27年目へ」２０１７年６月８日配信
＊9　鈴木旭「『志村さんは死んでいない』渡辺徹が語った『近くて尊いスター』」ｗｉｔｈｎｅｗｓ、２０２０年10月29日配信
＊10　「高木ブーも惜しむ志村けん『加藤茶との離別』」『週刊文春』放送作家・松岡孝の発言、２０２０年９月３日号
＊11　志村けん『変なおじさん【完全版】』（新潮文庫）
＊12　志村けん、同書
＊13　日本テレビ『天才！志村どうぶつ園 特別編』２０２０年４月４日放送
＊14　日本テレビ、同番組
＊15　日本テレビ「誰も知らない志村けん 残してくれた最後のメッセージ」『24時間テレビ 愛は地球を救う43』２０２０年８月22日放送

［特別インタビュー］

# 「志村さん、笑ってないよ…」ダチョウ倶楽部が見た喜劇役者の背中

## ダチョウ倶楽部

だちょうくらぶ●1985年に結成された肥後克広、寺門ジモン、上島竜兵からなるお笑いトリオ。「ヤー！」「訴えてやる！」「ムッシュムラムラ」といったギャグやモノマネ、パフォーマンスなどで人気を確立。「聞いてないよォ」で1993年に「新語・流行語大賞」大衆語部門で銀賞を獲得。一躍人気トリオとなった。2002年秋から『志村けんのバカ殿様』の正式レギュラーに抜擢され、2006年から舞台『志村魂』の全公演に出演。数々のコントで志村けんと共演している。個々でもバラエティー、映画、ドラマなど、幅広いジャンルで活躍している。

## 突然決まった『バカ殿』のブッキング

――志村けんさんとの出会いは、プロレスラーの川田利明《かわだとしあき》さんから上島さんに電話があったのがきっかけだったそうですね。これっていつ頃のお話ですか？

**上島**：もう20年以上前だよね。というのも、（２０２０年）６月19日に放送された『さんまのまんま35周年ＳＰ』を見ていて、志村さんの初登場回が１９９７年になってたの。あれが正月特番だったから、その前年にはもう知り合ってることになりますね。

――１９９７年１月に放送の『志村けんのバカ殿様』に初出演されたのは、知り合って間もない時期だったんですか！　すごいスピードで決まったんですね。

**上島**：川田さんつながりで、何度か飲み会に誘ってもらったんですよ。そこで志村さんから「お前ら最近コントやってないだろ？　12月（に収録）のバカ殿に呼んでやるよ」とか言われてね。それが１９９６年の11月後半から12月の頭。普通はないんですよ、テレビの世界で１、２週間前とかにブッキングが決まるなんて。よくある社交辞令だと思ってたから、しばらくしてマネジャーに「『バカ殿』入りました！」って言われたときにはビックリしましたね。

**寺門**：『バカ殿』の収録をする少し前に、麻布十番《あざぶじゅうばん》で友人と食事をしていたら、同じお店に師匠（志村さん。以下も単独では同じ）もいらっしゃった。先に帰られるようだったので、ごあいさつに伺ったら、そこでも「『バカ殿』に出てもらうから」と言っていただいて。僕らが知らないうちに食事代も払ってくださっていてビックリしました。

**肥後**：僕らが誘われた当時のレギュラー陣って、芸人だと志村さんのお弟子さん（山崎《やまざき》まさやさん）のいる元ジョーダンズの2人とか、ごく限られていたんですよ。田代（まさし）さんや桑野（信義）さんは元ミュージシャンだし、そこに入れるとは思えなかった。出演が決まって初めの2、3回、僕らは〝殿を襲う忍者〟の役で出ることになったんですよね。

## 収録現場を見て「大河ドラマかと思った」

――志村さんの中で、ダチョウ倶楽部さんがしっくりきたんでしょうね。それまでに出演されてきたコント番組と『バカ殿様』とでは、どんなところが違いましたか？

**上島**：これはもう3人が同じこと言うと思うけど、つくり方もセットの規模もぜんぜん違う。最初、大河ドラマかと思ったからね（笑）。

**寺門**：『バカ殿』ってカメラが10台ぐらいあって全部にカメラマンがいるの（笑）。僕たちはカメラに向かってやるわけだけど、そのときに志村さんが映画監督みたいにモニター眺めてるんですよ。こっちは「志村さん、笑ってないよ……」って気が気ではなかったですね。

**肥後**：それまでのコント番組で大事だったのは、キャスト同士の〝間〟とか、決めとなる〝ギャグ〟をどうするかっていうところ。『バカ殿』では、台本のアドリブがどうっていうのは、もう当たり前のこととしてあって。照明とかカット割りとか、そっちにこだわってるんですよね。

「照明の色は何番で」「まず机をなめてから人物撮ろう」「こっちからフォーカス当てようか」みたいな会話を延々とスタッフさんとしてる。ホラー映画をすごく見ていて、「恐怖っていうのを一個ズラすと喜劇になる」みたいなことはよく口にしてましたけど、本当の映画みたいなつくり方でしたね。

**上島**：僕らのコントで音響さんが音を出すタイミングを間違えたときがあるんだけど、それはもうスタッフさんに怒ってたね。「コイツらが一生懸命考えたネタで笑いをとろうとしたのに何やってんだ！　打ち合わせしただろ、ちゃんと」ってね。とはいえ、そのあとに「じゃ悪いな、もう一回」って言われてもねぇ（笑）。背筋がピーンッとなる現場でしたよ。

## ビートたけしとの笑いの共通点

――ほとんど映画撮影時のエピソードですね……。その後、深夜バラエティー『変なおじさんTV』に肥後さんと上島さんがレギュラー出演されています。志村さんと毎週共演して感じたことがあれば教えてください。

**肥後**：ネタは自分らで考えて、「じゃこういうパターンで」とかあるんですけど、コントの場合はお芝居に近いというか。台本に書いてあるキャラクターを演じるわけで、その辺の違いが最初はつかめなかった。演じるといっても、ドラマではないし。「医者コント」で医者の役をやるなら、「いくつぐらいで、どんな感じの医者なのか？」みたいな探りを入れながらやるわけです。その微妙なバランスがすごく難しかったのを覚えてますね。

**上島**：「電車コント」のときに、電車内の酔っ払いと乗務員がメインだとしたら、ほかの乗客が絡んでいって変なふうになるのは絶対許さなかった。ドリフも同じで、志村さんと加藤さんが生きるコントでは、必ずほかの3人が普通の人を演じてる。そのやり方が染みついていたんじゃないかな。

（ビート）たけしさんの『お笑いウルトラクイズ』も、実は似たところがあるんですよ。たとえば5人でバンジージャンプやって、最後に僕が真っ裸になって飛んでいくって流れがあったとしますよね。そこで、前の4人が変に目立とうとしたら、たけしさんは激怒します。

実際にご本人から「（たけし）軍団とか、ほかの芸人がお前の〝フリ〟をやってんだからな。ありがたいと思って、ちゃんとやらなきゃダメだよ」って言われたことあるし。ネタ振りだったり、チームワークだったり、実は細かい計算があって笑いをとってるんですよね。

## ゴミ箱に〝生ゴミ〟が入っている説得力

——対極に見えても、基本を大切にされているのは同じだと。（2020年）6月21日放送の『志村友達 大集合SP』を拝見しましたが、志村さんと肥後さんのコントではアドリブが多かったそうですね。

**肥後**：ただ、ムチャクチャやるのは、志村さんの中でアドリブではないんですよ。なんにも考えてないアドリブやると、今度はカメラさんがついてこられなくなっちゃうんで。どこまでアドリブかって話になると難しいんですけど、志村さんってカメラマンさんとコソコソ打ち合わせするときもありましたね。

要するに、志村さん以外の演者には教えないでコントをやるっていう。指示を受けたカメラマンさんが、インカムで「オレ、あっち行くから、3（のカメラ）で撮ろうか。志村さん狙っとけよ」みたいなことをやっていた。それも、ある意味ではアドリブですよね。

**寺門**：志村さんの番組は、小道具から何から、すべてのスタッフさんとチームワークが本当に素晴らしかったです。僕らが入れない世界でしたね。

**肥後**：コントセットにしても、机の引き出しの中身まで用意されているんです。ただ、机置いて終わりじゃないんですよ。居酒屋のコントでも、必ずゴミ箱に〝生ゴミ〟が入っているっていう。けど、別に使わないし、一切触れない。コントの世界観を出すための〝雰囲気〟ってだけなんです。

**上島**：さっき食べたであろうお弁当の残りとかがあるの。女優の倍賞千恵子さんが、志村さんと一緒にコントやったときに驚いたみたい。「映画の現場でもこんなことしてないのに」って。消え物（芸能分野の専門用語で、食品・洗剤などすぐ消耗する小道具を指す）にしても、ほとんど本物が出てくるしね。

**肥後**：結局、「使う、使わない」は置いといて、全部揃えている説得力ってことでしょうね。本当にぜいたくなコント。そこまでする番組なんて、ほかにないと思いますよ。

## 舞台のコントでは毎回鳥肌が立っていた

――ダチョウ倶楽部さんは2006年からスタートした舞台『志村魂《しむらこん》』のすべての公演（全14回）に出演されています。志村さんの芸を隣で見てきて、どんなところがすごいと感じましたか？

**寺門**：舞台裏の志村さんはすごかったです。舞台から下りてくると、やっぱり70歳近いおじいちゃんなんですが、早替え（即座に衣装を着替えること）して、またコントが始まるってときになると、若手のようにパ～ッて行って、見違えるぐらい体が動く。その光景はものすごいものがありましたね。

**上島**：テレビもそうでしたけど、舞台の構成力もすごかった。大爆笑のコントが続いたら、笑いは少ないのを承知でショートコントをポンッとやる。そのあとにまた爆笑できるコントを持ってきたりとかね。

**寺門**：最後に変なおじさんをやるんですけど、「変なお～じさんだから、変なお～じさん♪」って踊り終わったあとに「だっふんだ！」と声を上げた瞬間、師匠は毎回鳥肌が立ってたんですよ。笑い声がドッとくるから、アドレナリンが出て体が興奮するのだと思う。この方は、今まで何千、何万回とコントやってるはずなのに、その瞬間だけには慣れることがないのかなと驚きました。

**上島**：それで、バーッとものすごい拍手が鳴り響く中で幕が降りる。外国人の方、体に障がいのある方もよくいらっしゃってましたけど、全員本当に笑って帰っていくんですよ。ある公演で子どもの体調が悪くなって運ばれたからね。笑い過ぎて息ができなくなっちゃったの。そんな人いないですよね。

**肥後**：あと、まったく手を抜かないのもすごかったね。志村さんが肺炎で入院して、公演中止（2016年8月の大阪公演）になったときがあるんですけど、その直前でもそうでした。本当はもうドクターストップだったんですけど、「1回だけやろう」ってムリを押してやったんです。そんな状態でも一切弱音を吐かないし、上演時間も短くしない。普段と変わらず声を出して、全力でやり切った。あとからご本人に聞いたら、「ぜんぜん記憶にない」って言ってましたけど、すごい気迫ですよね。

## 「でもいいんだよ、オレたちは喜劇人だから」

――職人を思わせるエピソードですね。喜劇役者というと、小松政夫《こまつまさお》さん（2020

年12月7日逝去）、伊東四朗《いとうしろう》さんなど、ごく限られています。志村さんは、そういったご自身の立ち位置みたいなものを意識されていましたか？

**上島**：はい、それはもう。『M－1グランプリ2003』でフットボールアワーが優勝したときに呼び出されて、志村さんがいる六本木のお店に向かったんです。そこで「M－1見た？　どう思う？」って聞かれたから「いや面白いですね、テンポもいいしネタもいいし。やっぱ同じことは僕らできないですね」とか返したんです。

そしたら、志村さんが「そうだよな。すごいよな、アイツら。でもいいんだよ、オレたちは喜劇人だから」と言っていて。それ聞きながら、「いや、僕は芸人なんだけどなぁ……」って内心ちょっと思っちゃったんだけど（笑）。少なくとも志村さんは、コメディアンってことを誇りに感じてたんでしょうね。

**肥後**：喜劇人であり、演出家でありってことだよね。古いたとえで言えば（チャールズ・）チャプリンみたいな。主役もやって台本も書いて、音楽もつくる。もちろんスタッフさんの協力もあるけど、志村さんはコントの裏側の細部にまで目を通していた方でした。

**寺門**：『志村魂』では、松竹新喜劇の演目を必ずやっていましたね。藤山寛美先生がつくった悲喜劇の世界って、限られた人にしかやれない気がするんですよ。「あのね、あのね……」っていう、ちょっと変わった人を演じるのにしても、人によってはちょっと不快に感じてしまう。ただ、志村さんがやると、違和感がないんです。
それってたぶん、バカ殿をやってきたのも大きいというか。「変なヤツだけど、本当はすごいところが見えてる」っていうのを演じられる唯一の人だったのかなって。それをご本人もわかっていたんじゃないですかね。

## 「師匠、どうしてもお願いします！」で朝ドラに出演

――現在（2020年取材当時）、志村さんはNHKの朝の連続テレビ小説『エール』に出演されています。以前、同じNHKの『となりのシムラ』でコントを披露されていましたが、今年から役者として活動することになったのはその影響もあるんでしょうか？

**上島**：僕がよく飲みに誘ってもらっていたときは、「役者は嫌だ」って言っていた半面で、「やっぱり人間って徐々に変わってくる」とも口にしてましたね。『エール』については、『となりのシムラ』で演出をされていた方とのつながり。「師匠、どうしてもお願いします！」と言われて受け入れたみたいですね。

**寺門**：松竹映画（『キネマの神様』）もギリギリまで「やらない」って断っていたと

聞きましたよ。朝ドラと同じように、やっぱり説得されたんですかね？

**上島**：もう70歳だし、そろそろ別の魅力も見せていったほうがいいんじゃないか、っていう思いはあったんじゃないですか。人間関係とタイミングじゃないかな。映画は出られなくて本当に残念だったよね。

**寺門**：『となりのシムラ』も楽しんでたもんね。あれ見たときに「あ〜師匠の違う面の世界が出てきたな」って思ったもの。

**肥後**：唯一あれがメイクもカツラもなく、素に近い番組でしたよね。それまでは『志村どうぶつ園』にしても〝園長〟ってキャラをつくってたから。

**上島**：『となりのシムラ』を見ると、「あ〜、やっぱり演技力あるなぁ」って思いますよね。逆に言うと、共演されていた俳優さん、女優さんが緊張したんじゃないかな。だって、目の前に志村けんがいるわけでしょ？（笑）そりゃコントで認められたいだろうし、ドキドキしたと思いますよ。

## ダチョウ倶楽部が最後に交わした言葉

——志村さんと最後にお会いになったのはいつですか？

**上島**：僕は（２０２０年）２月22日にやった志村さんの誕生日会ですね。そのときに「こんなに酒飲むの久々じゃねぇか？」とか言われて、「いやいや先月飲みましたよ」みたいなやり取りして。その1カ月後くらいでしょ？　まさかこんなことになるとは思わないからビックリしたよね。本当に元気そうだったし。

**肥後**：僕も誕生会は行ったけど、けっこう人数が多くて挨拶もできないくらいなんですよ。ちゃんと話したのは、『だいじょうぶだぁ』の収録があった2月16日。変なおじさんのコント収録が終わって、「お疲れ様でした」「じゃまたね」って言ったのが最後のやり取りですね。

**寺門**：昨年末の『バカ殿』の収録のような気がします。そこで最後にご挨拶してから、僕の場合は夏の舞台まで会わないんですよ。少し間があって、夏の舞台の頃に「よろしくお願いします！」ってところから志村さんとの1年がはじまる。だから、本当にまだ実感がありませんね。

## 私生活もコント。仕事でもコント。ずっとコントの人

――あまりに突然でしたからね。最後に、天国の志村さんに伝えたいこと、思うことがあれば伺えますか？

**肥後**：志村さんとは、いろんな仕事してきましたけど、舞台を二度とできないのが

残念でね。またやりたかったですね、一座で家族みたいなものだったから。

**寺門**：先日、加藤（茶）さんに言われたんですよ。「漫才でもタレントでも面白い人はいっぱいいるけど、コントができて面白い人がいないから、お前ら絶対やり続けてくれ」って。みんな師匠が亡くなって「偉大な喜劇人だった」とか「おもしろビデオコーナーでYouTubeの雛型《ひながた》をつくった」とか、過去の功績ばっかりたたえるけど、「スタッフさんとの連携」とか「モノづくりの感覚」っていうのが一番大切だって思う。

やはり「喜劇人のトーン」みたいなものを遺していかないとダメだよね。僕らに力はないですけど、志村さんがつくり上げてきたコント、協力されてきたスタッフさんとのモノづくりを伝授していきたい。僕らはグループだし、唯一できるかもしれないから「やっていっていいですか？」って聞いてみたいですね。

**上島**：すごく笑いにこだわった人だけど、エド・ハーディー（ファッションブランド）もずっと着てたよね。その前は、エイプ（A BATHING APE）とかベティちゃん（ベティ・ブープ：パラマウント映画から配給されたアニメ映画の少女キャラクター。志村さんはデニムとの組み合わせを好んでいた）だったしね（笑）。

**寺門**：一時期、全身エイプだったもんね（笑）。エド・ハーディーもお気に入りで本当によく着ていました。

**肥後**：またお金持ってるから、全商品ドーンって買うんだよ。結局は、若いお姉ちゃんに「わ〜、格好いい！」とか褒められたいってことなんだけどね（笑）。

**上島**：でも、派手なのが似合ってた。エド・ハーディーのTシャツって、おなかのあたりにビーズで刺繍《ししゅう》されてたりするのよ。志村さんがそれ忘れてて、新しく買った携帯を拭こうとして傷だらけにしてたことあったな（笑）。「うわっ！　傷だらけになっちゃったよ〜」ってしょんぼりしてね。そういうところも面白い人でしたよ。

**肥後**：私生活もコント。仕事でもコント。ずっとコントの人でした。

**上島**：ちょっとコロナが落ち着いたら、お別れ会やりたいね。舞台のメンバーとか、ゆかりのあるタレントさんとかも集まって盛大に飲む。そこで、志村さんから「こんなこと言われたよ」とか「あたし、こんなことされちゃった」「こんなことしてもらった」とかって、まずはみんなで語り合わないと整理つかないよ。

## 取材を終えて

映画監督のように映像・照明・音にこだわり、小道具のリアリティーを追求し、構成を熟考して幅広い客層をわかせる。演出家としての才覚も十分すごいが、舞台上のコントで「毎回鳥肌が立ってた」というエピソードを聞くと、〝演者として笑いをとる快感〟が圧倒的に勝っていたのだな、と改めて思い知らされた。

実は、ビートたけしさんとの間に共通点があることも興味深い。たけしさんは、漫才コンビ・ツービートで世間から注目を集めたが、修業時代に浅草のストリップ劇場「フランス座」で、コメディアン・深見《ふかみ》千三郎《せんざぶろう》師匠からコントの手ほどきを受けている。志村さんがいかりや長介さんのつくり方を引き継いだように、当時の〝笑いの美学〟のようなものが体に染みついているのだろう。

志村さんが最後までこだわったのは、コメディアンとして笑わせることだった。そして、その遺志を、公私ともに長く親交のあった芸人・ダチョウ倶楽部のお三方が引き継いでくれると信じている。

（初出　ｗｉｔｈｎｅｗｓ、２０２０年7月10日配信）

［第2章］

# 家族が生んだ笑い

# 厳格な父親という存在

〝コント職人〟とも言える志村の性格は、父親の憲司《けんじ》から大いに影響を受けたと考えられる。2018年5月28日にNHK総合で放送された『ファミリーヒストリー』では、その片鱗が見て取れた。

志村の実家は農家として麦やサツマイモをつくりながら、養蚕《ようさん》を行っていた。しかし、1930年に昭和農業恐慌が勃発する。アメリカへの生糸の輸出が制限され、さらに米と麦の価格が急落。この状況を見た憲司は、やり甲斐もあり、安定した収入も得られる教師を目指すことにした。8人兄妹で下はすべて妹たち。長男として家計を支える必要があったのだ。懸命な努力の甲斐あって、1934年に豊島師範学校（現・東京学芸大学）に入学。約7倍の競争率を突破した。

豊島師範学校に入ると、憲司は柔道部に所属する。1909年の創部以来、全国優勝20回を誇る中等学校柔道の名門だ。1938年8月1日の東京日日新聞には、柔道の大会の記録がある。決勝は鹿児島商業と豊島師範。惜しくも優勝には至らなかったが、志村は大将を務め引き分けている。相手選手は、後に全日本選手権に出場し、史上初の3度の優勝を果たした吉松義《よしまつよし》彦《ひこ》。憲司がいかに強かったかがわかるエピソードだ。

１９３９年に卒業し、教員免許を取得。その後、武蔵村山《むさしむらやま》の大正尋常高等小学校、東村山の化成国民学校で教師を務めた。当時、師範学校の卒業生には兵役の軽減があったため、憲司は戦地に行くことはなかった。

長男の知之《ともゆき》は、当時の生徒から「おっかない先生だったよ」とよく耳にしたそうだ。もちろん時代背景もあるだろうが、厳格な教師だったのは間違いないだろう。

１９４５年に終戦。戦前の軍国主義的な教員養成システムから方針が変わり、憲司は教師を続けるため、ＧＨＱが主導した再教育教習を受け指導法を学び直す。また、自主的に大学に通い上級資格である一級免許を取得した。

お笑い史に精通する評論家・小林信彦《こばやしのぶひこ》によると、「(ＧＨＱの) マッカーサー司令部は日本人に『アメリカ人ていいやつだ』と思わせたくて、喜劇映画をずいぶん日本に入れたんですよ」と語っている[*1]。後述するように、この流れで志村がアメリカのコメディアン、ジェリー・ルイスに衝撃を受けてお笑いの道を志すことになる。なんとも因果なものだ。

１９５０年２月20日、妻の和子《かずこ》との間に３番目の息子・康徳《やすのり》が誕生。後の志村けんである。志村は幼少の頃から笑いが好きだった。兄の美佐男《みさお》は当時の志村についてこう語っている。

「ラジオで夕方、お笑いの番組があると、遊んでたのにスーッと抜けてラジオの前で正座して聞いてた。（中略）時計もないのによく時間がわかるなぁなんておふくろさんから聞いたことあります[*2]」

落語や漫談が好きだったのは、母親の影響があったのかもしれない。志村の母親・和子は、国宝建造物・正福寺《しょうふくじ》地蔵堂の境内《けいだい》で年に一度踊られている無形文化財の雅楽「浦安《うらやす》の舞」を踊る初代踊り子だった。和子の身内は代々社交的で芸事を好む家系だったようだ。

ちなみに志村が最初に脚光を浴びた「東村山音頭」は、和子が毎年盆踊りで踊っていた曲である。こんなところにも母親の血が垣間見える[*3]。

一方、戦後の憲司は「努力してあきらめるな」という新しい教育方針を掲げていた。当時の卒業生へ送った寄せ書きに憲司は「ころんでもおきて」と書いている。

その言葉を自らに課すように、憲司は努力に努力を重ねた。１９５５年に昭島《あきしま》市立拝島《はいじま》第二小学校の校務主任に昇任し、１９５９年には講道館柔道５段に昇段。翌年に東村山町立回田《めぐりた》小学校の教頭に就任している。自宅に仕事を持ち込むこともよくあり、さらには校長への昇任を目指し試験勉強に励んでいた。

長男の知之は、当時の憲司について「暗くて怖くて全然冗談も言えない感じの父だった」と語り、次男の美佐男は「一緒に和気あいあいと話したようなのは見たことないですね」と振り返っている。

そんなある日、志村家にとって信じられないことが起きた。テレビで「雲《くも》の上《うえ》団《だん》五《ご》郎《ろう》一座《いちざ》」の舞台中継を見ていたところ、憲司が爆笑したのだ。この件について志村は、「笑ってるおやじよりも、この人たち（コメディアンたち）が面白くて。すごい力だなと思って、それが。こんないつも笑わないおやじを笑わせてるっていうことはすごいなと思いましたね。逆にそっちのほうを」と語っている。余程のインパクトがあったのだろう。この日以降、志村は同級生を笑わせるため、モノマネをしたりコントをやったりするようになった。

そんな矢先の１９６２年３月、志村家の前で憲司がバイク事故を起こす。病院での診断は、全身打撲と骨折。命に別状はなかったが、３年後に異変が起きた。実の息子に「どちらさんですか？」と言ったり、食事を済ませたばかりにもかかわらず、「おい飯食ったか？　飯は？」と繰り返し聞いてきたりするようになった。

精密検査の結果、脳内出血による記憶障害。すでに手術はできない状態だった。当時は、後遺症という概念がなく、バイク事故のあとに精密検査はしなかったのだ。

後に志村は、「○○さん、飯ぁまだかい？」というお爺さんのキャラクターを生み出している。その元となった人物は憲司だった。これ以上なく哀愁漂うキャラクターを演じたのは、志村自身が変貌してしまった父親に対するショックを乗り越えるためだったのかもしれない。

向上心を持って努力し続ける職人気質は、まさに憲司の性格を受け継いでいる。芸名は、父親の名前「憲司」の一文字をとって「けん」。志村の好きな言葉は「忍耐」「努力」「心」だった。[*4]またそれと同時に、憲司という怖い存在によって、いかにコメディアンがすごいかを身をもって知ったのだと思う。

## ドリフは「人間関係の笑い」

高校3年になった志村は、コント55号とドリフターズのどちらの付き人になるか悩み、最終的にいかりやの元を訪ねようと決めた。1968年2月、高校の卒業式直前のことだった。寒い冬空の下、志村はいかりやを待ち、どうにか挨拶へとこぎつける。1週間後に電話があり、後楽園ホールへと呼び出され、「明日から東北の旅へ出るから1週間。用意してこい」と言われた。そこからドリフターズでの厳しい修業が始まった。

1969年、ドリフターズの新番組『8時だョ!全員集合』がスタート。月給はわずか5000円だった。メンバーのラーメンのスープをかき集めて、付き人たちで分けて食べたりした[*5]。

付き人になって1年半が過ぎた１９６９年9月、社会勉強したいと申し出て志村は1年間ドリフから離れる。高校卒業後、一度も社会経験のなかった志村は、いくつかのアルバイトを転々としながら世間の常識を学ぶ。その後、加藤茶の口利きでもう一度付き人へと戻った志村は、72年にお笑いコンビ、マックボンボンを結成。相方の井山淳《いやまじゅん》は、同じドリフの付き人だった。小松《こまつ》みどりのショーを皮切りに、小柳《こやなぎ》ルミ子、天地《あまち》真理《まり》、沢田《さわだ》研二《けんじ》といった歌手の前座を務めて話題となり、結成間もない72年10月には日本テレビ系列の『ぎんぎら！ボンボン！』がスタート。幸先のよい出発かと思われたが、３カ月足らずで番組は終了。振り出しに戻ってしまった。

ところが、ここで再度転機が訪れる。中心メンバーの荒井注が体力の衰えを理由に脱退したことで、志村に白羽の矢が立ったのだ。見習い期間を経て、１９７４年4月から志村は正式メンバーとなった。

ドリフの基本的な笑いは、メンバー5人の関係性によって構築されていた。いかりやは著書『だめだこりゃ』の中で、「私という強い『権力者』がいて、残りの四人が弱者で、私に対してそれぞれ不満を持っている、という人間関係での笑いだ」と書いている。

具体的には「嫌われ者の私、反抗的な荒井、私に怒られまいとピリピリする加藤、ボーッとしている高木、何を考えてるんだかワカンナイ仲本。メンバー五人のこの位置関係を作り上げたら、あとのネタ作りは楽になった」という。

実は、このポジションを明確にしたのは荒井だった。いかりやに対して、「なんだバカ野郎」と言い放つ独特のキャラクターがあったことで全体の役割分担が決まっていったのだ。[*6] それほどの個性を持った荒井の穴を埋めるのは並大抵のことではない。

ドリフの関係性はコントだけではなかった。メンバーの高木ブーは、いかりやについて「長さんは実は不器用で、人に指示は出すけれども自分は何をやっても上手くできない人なんです。それでも偉ぶっているから面白い。例えば、長さんがクレー射撃を始めて、みんなも倣《なら》ってやり始めたのですが、ある時試合をしたら俺が長さんに勝っちゃったんです」と語っている。[*7]

つまり、そんな不器用な権力者・いかりやを理解し、順応できる人間こそがドリフの一員として光っていたのだ。志村がウケなかった約2年は、この関係性にもハマっていなかったと言える。遠慮もしていただろうし、笑いをとるための必死さが前面に出てしまったこともあるだろう。この件について仲本工事は、「笑いというのはすべて〝間〟です。アイツはその間が取れなくて、ドリフ流の〝間〟を摑むまで苦労していました」と当時を振り返っている。[*8]

いかりや以外のメンバーは、そんな志村を温かく見守っていた。高木とは一時期車で一緒に帰宅していたし、仲本とはショートコントでコンビを組むことも多かった。ただ、悩みを打ち明けることはなかった。[*9] 唯一、本当の兄のように慕っていた加藤にだけは弱い部分を見せていたようだ。

「（８時だョ！）全員集合終わったあとに『一緒に飲みに行こうか？』って言ったら『うん』って言って。で、行ったらすごい飲むのよ。飲んで愚痴を言うんだけど、それをオレ聞いてやってたのね。ひたすらアイツも落ち込んで」「その時に言ったのが、『遠慮しないでやったほうがいいんじゃねぇかな』と。『自分のやりたいことを長さんに言って、俺たちが聞いてて、志村の言ったのが面白ければ反対しないから。やってみな』って言ったら自分の意見出すようになったの、どんどん[*10]」

実際に志村のアイデアは、メンバーやスタッフたちからの反応もよかった。次第にいかりやも志村の案を採用するようになっていく。この状況の変化について、いかりやはこう書いている。

「荒井が抜けたとき、ドリフの笑いの前半は終わったという気がする。メンバーの個性に倚りかかった位置関係の笑いだから、荒井の位置に志村けんを入れたからといって、そのままの形で続行できるものではなかった。（中略）だから志村加入以後は、人間関係上のコントというより、ギャグの連発、ギャグの串刺しになっていった[*11]」

いかりやは、若きエースの才能にドリフの未来を託したのだ。体力的な問題もあってのことだろう。一方の志村は、父親を乗り越えようとする息子のように、次々と番組の顔となるギャグやコントを生み出していった。

## 子どもが笑うということ

ドリフターズのメンバーとして脚光を浴びて以降、常に志村の笑いを支持したのは子どもたちだった。

1975年10月、裏番組の『欽ちゃんのドンとやってみよう！』（フジテレビ系列）に視聴率で抜かれ、『8時だョ！全員集合』は劣勢に追い込まれた。その窮地を救ったのが、それまでまったくウケることのなかった志村である。翌76年3月6日、新潟県民会館で披露した「東村山音頭」は新生ドリフの幕開けとなった。

「♪東村山〜、庭さきゃ多摩湖〜、狭山茶どころ情があつい〜、東村山四丁目〜」と通常通り歌ったあと、今度はマイナー調で「東村山三丁目〜、チョイトチョックラチョイト、チョイトキテネ〜、一度はおいでよ三丁目」と続く。そして、最後はファンキーなアレンジで「ワァ〜オ！　東村山一丁目、ワァ〜オ！　イッチョメイッチョメ、ワァ〜オ！　イッチョメイッチヨメ、ワァ〜オ！　ヒ・ガ・シ、ワァ〜オ！　ムラヤマイッチョメ、ワァ〜オ！」と歌い上げて、いかりやからツッコミが入る一連の流れは、その後番組の定番となった。

しばらくすると、志村はさらなる仕掛けを考える。曲調が変わるごとに衣装を脱ぎ、新たな装いで歌い始めたのだ。とくに最後の一丁目は圧巻だった。白鳥の首が下半身でフリフリするバレリーナの衣装という衝撃的な見た目だったからだ。会場の子どもたちは一斉に「ギャーッ」と、驚きと興奮と笑いが入り混じる声を上げた。

何気ないところから入って、最終的にとんでもない方向へと飛躍する。これは志村がもっとも得意とする展開だ。志村の著書『変なおじさん【完全版】』(新潮文庫)にも「仲本工事さんと僕がやった夫婦のコントも、初めはジワジワと日常的なことから入っていって、最後にプロレスまがいのことになるって展開があった。僕はああいうパターンが好きだ」と書いている。

志村にとってコントの基本設定は、お笑い用語でいう〝フリ〟にあたることとなのだろう。誰もが笑える見せ方を意識していたからこそ、子どもたちから絶大な支持を得たのだろう。
ステージの流れとは関係なく、突然カラスがパカッと現れて「カーカー」と鳴いてから歌に入る「♪カ〜ラ〜スなぜ鳴くの？　カラスの勝手でしょ〜」も子どもたちは大好きだった。やらない回があると、放送後に「あれがないと子どもが寝ないんだ」などと苦情が殺到した。それほどの人気だったのだ。[*12]
「東村山音頭」や「七つの子の替え歌」だけでなく、「ヒゲダンス」「バカ殿様」など、志村は求める声があればひたすら続けた。世間でいう〝マンネリ〟に誇りを持っていたのだ。

「お客さんにすれば、『多分こうするよ、ほらやった』と自分も一緒になって喜ぶ笑いと、『意表を突かれた、そう来たか』とびっくりする笑いの2種類あると思う。全部意表を突かれてしまうと、お客さんも見ていて疲れてしまうだろう。
（中略）僕は新しいことにプラスしてお客さんが期待している通りの笑いも必要だと思う。『待ってました』とか『おなじみ』という笑いをバカにしちゃいけない」[*13]

また、志村は子どもたちから笑われることに独特な考えを持っていた。

「やっぱり子供たちにバカだと思われているのはいい。お笑いをやってて、子供にまで『あれは本当は芝居してるんだよ』なんて言われたら、みっともない。バカだと思われてるってことは、そう『見える』ってことだから、演じてる者にとっては一番うれしい誉め言葉だ[*14]」

その一方で、〝子ども向け〟を意識してつくった笑いはなかった。自分が面白いと感じたものが、結果として子どもたちに受け入れられたのだ。

「ドリフターズとか、ぼく個人もそうなんですけど、子どもって、子ども用に作ると、ナメられてると感じて、絶対笑ってくれないんですよね。自分たちが面白いと思うものをやると、かえって子どもはついてくるんです。だから子どもに媚びたりするとダメですね[*15]」

文化人にはならず、コメディアンであり続けたい。この考えに至った裏には、尊敬するコメディアン・東八郎の「ケンちゃん、お笑いはバカになりきることだよ。いくらバカをやっても、見る人はわかってる。自分は文化人だ、常識があるんだってことを見せようとした瞬間、コメディアンは終わりだよ」という言葉があった[*16]。

その姿勢が子どもに伝わっていたのだろう。2018年4月4日に放送された『笑神様は突然に……——志村けんが南の島にやってきた2時間スペシャル』（日本テレビ系列）で、沖縄の石垣島を訪れた際、現地の子どもたちは志村の姿を見ただけで爆笑していた。

志村の理想は「顔を見ただけで笑ってしまうコメディアン」だ。[*17] まさに志村は、そんな存在になっていたのである。

時代を問わず、全国の子どもたちから愛され続けた志村。しかし自身の子どもを持つことはかなわなかった。

「時々だけど、実家に帰って兄貴たちと一緒に酒を飲んでると、兄弟っていいなあと思う。（中略）そうやって兄弟で酒を飲んでると、ふと、ここにオヤジがいてくれたら、どんなに楽しかっただろうと思う。

だから、今度は自分が早く男の子をつくって、子供と一緒に酒を飲んでみたい。それでクラブやソープにも連れてって、というのが昔からの願いだった[*18]」

晩年まで志村は「子どもが欲しい」と口にしていた。今まで散々浴びた子どもたちの笑い声。その喜びがずっと耳に響いていたに違いない。

## 「いかりや長介」という父親像

年齢こそ離れていたが、志村といかりやは非常に似たところがあった。『8時だョ!全員集合』のプロデューサー・居作昌果はこう語っている。

「リーダーのいかりや長介は、どちらかというと、不器用な男である。おまけに口下手でもある。(中略)ハプニングに器用に反応したり、アドリブのトークで受けまくるということの苦手な男なのである。そのかわりに、ギャグをじっくりと考えていくのが、大好きなのである[*19]」

志村もまた、素を見せるトークは苦手だった。じっくりと時間を掛けて考え、ギャグやキャラクターを生み出していったところも共通している。

さらには、多感な時期にアメリカの喜劇映画から影響を受けたのも同じだった。2人が愛したのは体や表情で滑稽さを表現する万国共通の笑いだ。いかりやは疎開先の現・静岡県富士市《ふじ》にいた頃、よく映画を観に行った。その中でも欠かさず観たのが1940年代~50年代にアメリカで活躍した背丈が凸凹《でこぼこ》のお笑いコンビ「アボット&コステロ」の喜劇映画だった。

「（映画の中で）二人がジープにのって川のなかに入っていくと、ずぼっと潜水艦みたいに車が水の中に沈んじゃう。そしたら水中で二人が口からブクブク泡を出しながら、『早く、早く』。何をするかとおもったら、おもむろに車のワイパーを動かし始める。水中でワイパーを動かすというナンセンス・ギャグに私は爆笑した。（中略）浅草で見てきたシミキンやラジオで聞いた金馬の『居酒屋』なんかと違う笑いが世界にはあるんだ、と初めて知った[*20]」

志村も高校1年のときに50年代のアメリカでスラップスティック・コメディーの帝王として名を馳せたコメディアン、ジェリー・ルイスの映画に衝撃を受けている。[*21]ほとんど原点と言ってもいいコメディアンだ。

「一番ショックを受けたのが『底抜けてんやわんや』という映画で、ジェリー・ルイスが最後まで一言もセリフを言わない。体の動きだけで笑わせるんだけど、それがあまりに楽しくて、すごく影響を受けた。動きや表情をずいぶん真似したもの[*22]」

また、志村が『8時だョ!全員集合』や『ドリフ大爆笑』などで披露していた「鏡コント」は、

1910年代〜40年代に舞台・映画で活躍し、後世のコメディー業界に多大なる影響を与えたコメディアングループ「マルクス兄弟」の映画『我輩はカモである』からヒントを得たと考えられる。

ミュージシャン的視点でお笑いに向き合うのも同じだった。リーダーのいかりや長介は、本の中でこう書いている。

「私たちの笑いは、ネタを稽古で練り上げて、タイミングよく放つところにある。私たちはバンドマン上がりらしく、『あと一拍、早く』『もう二拍、待って』とか、音楽用語を使ってタイミングを計りながら稽古した。今では一般の方でも使う、『ボケ』『ツッコミ』『ツカミ』というような専門用語すら当時の私たちは知らなかった。ちょっとでも間が狂ったら、ギャグがギャグにならなくなる。それを恐れた[*23]」

念入りに稽古していたのは、バンドマンのリハーサルに近いイメージだったのだ。志村もまた、〝間のよさ〟を重要視しており、お笑いの人間だけでなく歌手やミュージシャンとコントを披露することも多かった。

ドリフの活動の中で、志村は「父親・いかりや長介」の一面も垣間見ている。『8時だョ！

全員集合』の地方巡業に行った際に、志村はいかりやから2人で飲もうと誘われた。ちょうどネタ会議の主導権がいかりやから志村へと移ろうとしていたときだ。その席で、いかりやは弱音をもらしていたという。

「『お前もな、この年になるとわかると思うけどよ、しんどいんだよ』(と言ってたけど)今(の年齢になって自分が)しんどいですもんね。会場中の子どもたちがいかりやさんに『ゴリラ死ねぇ〜』とかって言うわけじゃないですか。そういうふうにつくってあるから。基本的に嫌われるように。で、僕らが足をすくうから笑ってたんだけど。それが親の身になってお子さんがだんだん大きくなると『う〜ん、子どものこと考えるとなぁ』っていうのはあるよなぁ[*24]」

ドリフのリーダーであり、子どもの父親でもあるいかりや。その立場を理解した志村は、いかりやに観客の攻撃が向かないネタへの変更を受け入れた。志村が中心となり、いかりやの言う〝ギャグの串刺し〟になったのは、この部分も大きかったと思われる。

# ドリフのオープニングで見せた絆

大柄で怖いイメージがあり、強いリーダーを思わせるいかりやだが、実はどこかに父親を探している部分があった。そもそもいかりやは、ドリフターズの結成メンバーではない。初代のリーダーは岸部清《きしべきよし》であり、2代目は桜井輝夫《さくらいてるお》だ。途中加入後、いかりやは意図せず3代目リーダーを担うようになったのだ。この点について、いかりやはある種の運命を感じつつも、俳優への転向後は安堵の気持ちが溢れたという。

「私は長男で、上に相談に乗ってくれるきょうだいはいなかった。なぜかわからないけれど、いつも私が何かを決定しなければならない立場に立たせられてきた。(中略)ドリフターズでも、オーナーの桜井氏がフェイドアウトして、結局、責任者みたいになった[*25]」

「きっと私は少しファザコン気味なのだろう。自分を委ねることのできる監督・演出家と出会うと、その相手に父親的なものを感じてしまう。ちょっと甘えているのかもしれないけれど[*26]」

一方で、志村は早くに父親を亡くした身だ。怖くて口下手ないかりやに父親を重ねていたところがあったのかもしれない。2019年4月5日放送の『中居正広の金曜日のスマイルたちへSP』（TBS系列）に出演した際、いかりやについてこんな発言をしている。

「僕は逆にオヤジが早く亡くなってるから、そういうふうな人がいて欲しいなっていうのは常にあったのかもしれないですね」

「（いかりやさんが）お前（オレに）似てるんだよって。で、ドリフの中でお前はツッコミもできて、モノも考えられてモノつくれるからな、お前な。大変だけど、ちゃんとそれをずーっとやれよっていうのは言われましたからね」

「笑わせ方はそれぞれ違うのはあるんだけど、離れてみるといかりやさんのこれは笑わせ方の手法。グループでの笑いのつくり方っていうのはすごく勉強になってますよね。だから僕はひとりでやらなくて必ず誰か置いてるから周りに。それがいつも〝5〟だったりする。数字がね。一緒にやってる誰かとかっていうのが」

１９８４年頃、志村といかりやの不仲説が流れた。日刊スポーツは「長介志村が対立⁉」と銘打ち、『女性自身』（光文社）は「ささやかれる来春解散！　いかりや長介と志村けんの確執が原因との声も」と題して報じている。たしかに『8時だョ！全員集合』が終了して以降、２人の接点はほとんどない。しかし、いかりやは常に志村を気に掛けていた。志村の番組をチェックし、テレビ画面に向かって何かしらつぶやいていたようだ。

２００１年8月、ドリフターズが揃ってＮＨＫの歌番組『第33回思い出のメロディー』に出演することになり、２人は久しぶりの再会を果たす。本番前の楽屋でいかりやが大福を口にすると、「本番前なのに食うかねぇ」と志村から指摘され、「なんだよ、悪いかよ」と言い返すようなやり取りがあったそうだ。仕事が終わって帰宅すると、いかりやは長男・いかりや浩一《こういち》にそのことを嬉しそうに話していたという。

「僕はその話聞かされたときに、なんかこう変なわだかまりとかそういうのはないんだなっていうのを感じたのを記憶してますね[*27]」

亡くなる前年の２００３年に行われた舞台『沢田・志村の「さあ、殺せ！」』に、いかりやはひとりで足を運んでいる。誰にも話すことなく、自分でチケットを買ってこっそり観に行ったのだ。歌手で俳優の沢田研二と志村はコント番組で何度も共演しているし、2001年10月19日に放送された『金曜オンステージ「ふたりのビッグショー　沢田研二&志村けん　歌もコントも大連発」』（NHK総合）でも名コンビぶりを発揮している。しかし、「さあ、殺せ！」は、終戦直後の混沌とした東京を舞台にした物語という意味で一線を画す。所々にコントは挿し込まれているが、俳優陣を脇に固めた久世《くぜ》光彦《てるひこ》の作・演出による芝居という意味で、志村にとっての初舞台だった。

この経験が後に舞台『志村魂』を始める足掛かりになっただろうし、いかりやも何か感じるところがあったのかもしれない。

2004年に病床に伏していたいかりやは、走り書きのメモを残している。震える手で書かれた文字には「オッス」「八時だよ」「次行ってみよう」「だめだこりゃ」と往年の決め台詞が並ぶ。その中に「加藤　志村　がえらい」という言葉もあった。

いかりやが余命宣告を受けて間もなく、2003年12月に放送されたフジテレビ系列の『40年だよ!!ドリフ大爆笑』のオープニングとエンディングを撮り直すため、久しぶりにメンバー全員が揃った。オープニングシーンでカメラに寄ってくる5人。このとき、ほとんどのメンバーは足並みが揃っていない。しかし、志村だけはピタッといかりやに合わせて歩いていた。[*28]

## チームは〝家族〟

『志村けんのだいじょうぶだぁ』から、志村はピンとしての活動をスタートさせた。そこで大切にしていたのが、メンバーとのチームワークだ。番組の収録後、志村はよく共演者の田代まさしと桑野信義を連れて飲みに行った。

「ドリフみたいにグループでいつも一緒にいる関係ならいいけど、僕と田代や桑野なんかの場合、毎日一緒にいるわけじゃない。せいぜいが週に2日。それで当時は一緒にコントをやり始めたばかりだとなると、やっぱり一緒に飲みに行ったりしてワーワーやって、あうんの呼吸でコントをできるようにならないとダメだ*29」

また、仲のいい関係性が視聴者をいい意味で刺激すると考えていたようだ。とくに女性の共演者について、志村にはこんな持論があった。

「見てる方が『あいつらスゲー仲いいのかなあ』とか『どのへんまでいってんだろう』と思

うような雰囲気が出るようになるには、それなりの時間もかかる。

（中略）

最初のころは、台本の口合わせなんかでも、彼女（いしのようこ）が僕の楽屋に弁当を持ってきて、一緒に御飯を食べながらしてた。いかにも夫婦っぽく見せるためには、そばにいることが普通になってないといけない[*30]」

こうした密な交流の中で、コントが生まれることもあった。都はるみの「好きになった人」で盆踊りを踊るネタは、クラブのホステスから聞いた〝地元で実際に行われていた風習〟をヒントに生まれている。

「みんなで輪になって踊ったら、あまりにくだらなくて大笑いした。で、何かの時にリハーサル室で『好きになった人』やるか』ってことになって、それを放送したら人気が出て、けっこうブームになった[*31]」

『だいじょうぶだぁ』『Ｓｈｉｍｕｒａ－Ｘ』シリーズ（フジテレビ系列）など、共演も多かった俳優の渡辺徹は、共演者だけでなくスタッフとの交流も本気だったという。

「志村さんが『コントのセットが気にくわない』と言って収録が中止になっちゃったこともあって。それで番組の音響さんやら照明さんやらを含めた志村組が余計に奮闘するわけですよ。スタッフさんのほうも『志村けんに文句言わすか』っていう緊張感で仕事をしてるんですよね。あるとき、江戸時代に暮らしている田舎の農家って設定のコントがあって。スタッフさんから『じゃお願いします』って声が掛かって入っていったときに、かまどを見た志村さんがニヤッと笑って小声で『やりやがったな』って言ったんですよ。ちゃんと見ると、かまどの四隅に塩が盛られてる。美術さんが志村さんを驚かせたいっていう一心だったんですよね[*32]」

かまどの四隅に塩を盛る。これは古くからある日本のしきたりで、志村自身が子どもの頃に農業を営む実家で見た光景だった[*33]。こうしたリアルさを追求した背景には、志村特有の〝家族〟という意識があったように思う。志村が考える滑稽な世界を共有し、チームで一つずつコントをつくり上げていく。「だいじょうぶだぁファミリー」「平成志村ファミリー」と銘打っていたのは、共演者やスタッフを含めたメンバーを〝コントを通じた家族〟だと感じていたからではないだろうか。

収録終わりに飲みに出掛けるルーティンは晩年まで続いた。お互いの関係性が深まらない限り、コントは面白くならない。そう感じたのも、ドリフという家族のようなグループにいたことが大きいだろう。

＊1　小林信彦・萩本欽一『小林信彦 萩本欽一 ふたりの笑タイム――名喜劇人たちの横顔・素顔・舞台裏』（集英社文庫）
＊2　NHK『ファミリーヒストリー』志村美佐男の発言、2018年5月28日放送
＊3　NHK、同番組
＊4　志村けん『変なおじさん【完全版】』（新潮文庫）
＊5　NHK、前掲番組
＊6　いかりや長介『だめだこりゃ』（新潮文庫）
＊7　「高木ブー、仲本工事が初めて語った志村けん『全員集合』と下剋上」『週刊文春』2020年8月27日号
＊8　同誌
＊9　同誌
＊10　フジテレビ『志村友達』加藤茶の発言。2020年11月17日放送
＊11　いかりや長介、前掲書
＊12　志村けん、前掲書
＊13　志村けん、前掲書
＊14　志村けん、前掲書
＊15　NHK「わたしはあきらめない」制作班・KTC中央出版編『志村けん――わたしはあきらめない』KTC中央出版
＊16　志村けん、前掲書
＊17　NHK『SWITCHインタビュー 達人達』2015年11月14日放送
＊18　志村けん、前掲書
＊19　居作昌果『8時だョ！全員集合伝説』（双葉文庫）
＊20　いかりや長介、前掲書
＊21　志村けん、前掲書

［第２章］

## 家族が生んだ笑い

＊22　志村けん、前掲書

＊23　いかりや長介、前掲書

＊24　ＴＢＳ『中居正広の金曜日のスマイルたちへＳＰ』志村けんの発言、２０１９年４月５日放送（一部わかりやすく修正）

＊25　いかりや長介、前掲書

＊26　いかりや長介、前掲書

＊27　ＴＢＳ『中居正広の金曜日のスマイルたちへＳＰ』ＶＴＲ出演したいかりや浩一の発言、２０１９年４月５日放送

＊28　ＴＢＳ、同番組

＊29　志村けん、前掲書

＊30　志村けん、前掲書

＊31　志村けん、前掲書

＊32　鈴木旭「『志村さんは死んでいない』渡辺徹が語った『近くて尊いスター』」ｗｉｔｈｎｅｗｓ、２０２０年10月29日配信

＊33　志村けん、前掲書

［特別インタビュー］

# 「志村さんは死んでいない」渡辺徹が語った「近くて尊いスター」

## 渡辺徹

わたなべ・とおる●1961年、茨城県出身。劇団文学座所属。1981年、日本テレビ『太陽にほえろ！』でレギュラーに抜擢され、ラガー刑事役で人気を博す。翌年にゴールデンアロー賞放送新人賞、1984年にエランドール新人賞、2000年に菊田一夫演劇賞を受賞。ドラマ、バラエティー番組の司会などマルチな才能を発揮し、現在は舞台を中心にナレーションや声優など幅広く活躍。2015年からはお笑いライブ『徹☆座』をプロデュース。これまでの俳優人生や病気克服等の経験を生かした講演活動も精力的に行っている。

［特別インタビュー］

## 渡辺徹

### 「いい加減にはできないぞ」という緊張感

――最初に志村さんとお会いになったのはいつ頃ですか？

いつ頃なんだろう……『加トちゃんケンちゃんごきげんテレビ』かなぁ。志村さんと加藤さん、僕の３人で「肉を食べるのに焼かずに生で食べてた」ってオチのコントだったと思います。『志村けんのだいじょうぶだぁ』も出てるけど、そっちが最初じゃないですかね。

――志村さんの著書『変なおじさん【完全版】』の中に、「太地《たいち》（喜和子《きわこ》）さんから『（渡辺徹さんは）芝居をやらすとうまいわよ』と聞いてたこともあって、『だいじょうぶだぁ』に出てもらったりしてた」とあったので、てっきりこちらかと思っていました。

じゃそっちが最初なのかな（笑）。いずれにしろ、志村さんのほうから声を掛けていただいたんだけど、番組に呼ばれたきっかけも今知ったぐらいで。共演する前に会ったりはしてないと思うから、いきなりコント収録で顔を合わせた感じですね。

――志村さんとの初共演は緊張しませんでしたか？

そりゃ最初はね。ただ僕の場合、デビューが刑事ドラマの『太陽にほえろ！』で、一番最初に会った芸能人が石原裕次郎《いしはらゆうじろう》さんなんです。だから、初めてやるのは興奮や緊張が当たり前っていう感覚もあって。そういう意味では、志村さんにお会いしたときも、ボス（石原裕次郎さん）と同じような気持ちがありましたよね。

厳密に言うと、志村さんには「大好きな人に会えた！」っていう思いのほうが強かった。ボスは上の世代のスターだったけど、志村さんは子どもの頃から見ている同時代の人気者。そんな大好きな人と同じ空気を吸えるっていう喜びですよ。

最初に共演した頃から、志村さんがとても気を遣ってくれてやりやすい雰囲気をつくってくださった。とにかく自由にやらせてもらったのを覚えてます。とはいえ、共演していくうちに「志村さんって命を懸けてコントやってるんだ」っていうのがわかってくる。それで、こちら側も「いい加減にはできないぞ」っていう緊張感が自然と湧き上がっていきましたね。

## 客前でコントをすることにこだわった志村さん

――『だいじょうぶだぁ』では、渡辺さんが自分の体でダシをとる「とんこつラーメン店の店主」のコントが衝撃的でした。このコントは、事前に志村さんが準備していたものだったんですか？

そのへんも記憶が定かではないんですけど、コント設定については基本的には志村さんが準備していて、僕のアイデアも何度か取り入れてくださいましたね。だいたい飲みの席なんですけど、「こういうの面白くないですか？」とかって話すと、後に本当にコントでやってくれたってことがありました。

――やはり飲みの席でコントが生まれることもあったんですね。

収録が終わると、志村さんは必ず飲みに誘ってくださるんです。そこで芸についての話を聞かせてもらったり、志村さんのほうから劇団のお芝居についてよく聞かれたので「こんな稽古して、こんな感じでやってます」っていうようなことを話したりもしましたね。

その中で、ずっと「客前でやりたいんだ」っていうことはおっしゃってました。コントってスタジオでやることが多いんですけど、「やっぱりオレ、客前の出だから。お客さんが目の前にいて、スベッたウケたっていうのがやりたいんだよね」っていうようなことをね。

ある日の飲みの席で、僕が「だったら志村さん、客前でお芝居なさったらどうですか？」って伝えたんですよ。「藤山寛美さんの作品を志村さんがやったら面白いだろうな」とか「人情噺《ばなし》っていうのは志村さんに合うと思うな」みたいなことを口にしたら、志村さんも「オレも好きなんだよね」とおっしゃっていて。

（舞台の）『志村魂』が始まったのは、その流れもあったのかもしれません。僕、実は初回にお誘いを受けたんですけど、劇団の芝居が入っちゃって共演の夢はかなわなかったんですけどね。２００６年に『志村魂』がスタートする少し前の話だから、僕とのやり取りが舞台を始めるきっかけの一つになったんじゃないかなぁ。

## スタッフの粋な計らいに「やりやがったな」

――渡辺さんが『志村魂』のスタートを後押ししていたんですね！　志村さんと共演されていて、具体的にはどんなところがすごいと感じましたか？

志村さんって観察力がすごいし、演技力がすごい。だから、うち（文学座）の太地喜和子さんにしろ、森光子《もりみつこ》さんにしろ、高倉健《たかくらけん》さんにしろ、いろんな名優たちも志村さんとやりたがったわけですよね。僕自身もすごいなと思ったところはたくさんありますよ。

志村さんって、ひとみばあさんみたいなキャラクターにしろ、『だいじょうぶだぁ』のフレーズにしろ、全部モデルがいますから。『だいじょうぶだぁ』は福島県にあるお義姉さんの実家に遊びに行ったときにお義父さんが繰り返してた言葉だったりするし。デフォルメしてるキャラクターの〝元〟をすごく大事にする人なんです。

実は志村さんの会議にちょっと参加させてもらったことがあるんですけど、とにかく考えてる時間が長いんですよ。「お尻を出して走り回る」っていう着地点は見えてるんだけど、「何ゆえに裸にならなきゃいけなかったのか」っていうのを見つけるまでに時間が掛かる。つまり、起承転結の〝起〟の部分がしっかりしていないと志村さんは納得できない。お芝居なんですよ、コントのつくり方が。

――そこは本当に徹底されていたようですね。周りにいる関係者の方にも影響があったんじゃないですか?

『だいじょうぶだぁ』だったかな。志村さんが「コントのセットが気にくわない」と言って収録が中止になっちゃったこともあって。それで番組の音響さんやら照明さんやらを含めた志村組が余計に奮闘するわけですよ。スタッフさんのほうも「志村けんに文句言わすか」っていう緊張感で仕事をしてるんですよね。

あるとき、江戸時代に暮らしている田舎の農家って設定のコントがあって。スタッフさんから「じゃお願いします」って声が掛かって入っていったときに、かまどを見た志村さんがニヤッと笑って小声で「やりやがったな」って言ったんですよ。ちゃんと見ると、かまどの四隅に塩が盛られてる。美術さんが志村さんを驚かせたいっていう一心だったんですよね。

そのへんのこだわりを飲みの席で志村さんに聞いたら、「いい加減な中でバカなことやったら何も残らない。本物の中でバカなことをやるから面白いんだ」と話してましたね。要するに、きっかけとかセットとかっていう骨組みが適当になっちゃうと、ここでバカやってることが立たないっていう考えなんです。志村さん特有のリアリズムなんでしょうね。それは、お芝居にも通じる話で。だから、僕に「どうやって芝居つくってるの？」っていうようなことをよく聞いてきたんだと思います。

## 志村さんはボケとツッコミが両方できる

――渡辺さんは1996年4月から始まった『けんちゃんのオーマイゴッド』（フジテレビ系列）にレギュラー出演されています。吉村明宏《よしむらあきひろ》さんやホンジャマカ・石塚英彦《いしづかひでひこ》さんといった新メンバーを加えて、ホーム・コメディー調のコントになりましたが、志村さんの中で新しいことに挑戦したいという思いがあったのでしょうか？

『だいじょうぶだぁ』とかだと、マーシー（田代まさしさん）や桑マン（桑野信義さん）にはあんまりボケさせない。前振りができる人を置いて自分が落とすっていう形なんですよ。それが『オーマイゴッド』でいろんなキャラクターを入れたってことは、そっちをボケにして志村さんがイジるっていうような笑いの転換はあった時期なのかなって思いますね。

　志村さんってコント師なんですけど、漫才師で言うならボケとツッコミの両方できる方じゃないですか。ボケはもちろんだけど、加藤（茶）さんにしろ、柄本明《えもとあきら》さんにしろ、ボケの相手にツッコミを入れるのもすごかった。だから、『オーマイゴッド』ではボケじゃなくて、ツッコミというか〝イジり〟の面白さを追求したかったのかなって気はしますよね。ゲスト出演したアッコ（和田《わだ》アキ子《こ》）さんなら体が大きいだとか、僕なら大食いだとかっていう部分にスポットを当ててるっていう。

　挑戦っていうより、単純にやりたかったんでしょうね。あれだけ芸達者でいっぱいボケてきたから、イジりをやりたくなるって気持ちはわかりますよ。「変なおじさん」とかいっぱいボケのキャラクターはつくってきたわけで、そこからツッコミ、イジりのほうをやりたくなったんだろうっていうね。

　そういうふうに志村さんも台本をつくってきてましたよ。相手がボケられるようにとか、自分がボケる用につくっていたものを誰かにボケさせるとかっていう移行期だったのかもしれないですね。

――コントへのこだわりを持つ半面、１９９７年の後半くらいから志村さんは自分の番組以外のバラエティーに顔を出し始めます。この心境の変化については何かお話しされていましたか?

長く一つのことやった人って周りから職人って言われるじゃないですか。でもやってる本人は、「自分は職人気質だ」なんて思って生きてないと思うんですよ。

志村さんは興味のほうに向かって生きてたってだけじゃないかな。持論とか芸術論とかっていうのはあるけど、新しい人とコントをやるとか自分が人の土俵に上がっていくってこととかも含めて、常に自分の刺激に対するアンテナが高かったんじゃないですかね。

## 「芸としてやろうとしている人」が好きだった

——あくまでも結果的なものだったと。『Shimura-X』でトークコーナーを設けたのも、ちょっと意外だった記憶があります。

無類の照れ屋ですからね。『Shimura-X』をスタートするにあたっても、「トークコーナーをやりたいけど、ひとりじゃできないから徹ちゃん付き合ってくれ」って誘いを受けたんです。しかも酒飲みながらじゃないとできないと。ちょっと話が変わっちゃうけど、これが大変だったんですよ。1日で2本撮りなんだけど、

1本目からマジ飲みするの。だから、2本目のゲストがくる頃には2人してベロベロに酔っぱらってる状態だった（笑）。

あとお互い将棋にハマって、ライバルみたいな関係になったんですよ。僕が優勢になったりすると、志村さんが「おいおいおいおいおい」なんて言ってきたりしてね。だいたい本番前に指すんですけど、将棋って時間通りに終わらないじゃないですか。「もう始まりますよ」ってスタッフさんが呼びにくるんだけど、「ちょっと待ってくれ！」って言って2人ともずっと将棋盤をにらんでる。番組のゲストを待たせて何やってんだって話ですけどね。

吉田拓郎《よしだたくろう》さんがゲストのときなんか、本番中に将棋やりましたから。トーク中に拓郎さんも将棋好きだとわかって、「じゃ今から指そう」って本当にやり始めちゃった。そんなトーク番組ないっちゅうねん（笑）。トークコーナーの2本目はベロベロになってのびちゃうでしょ。「OKでーす！」って本番が終わっても、まだそこで飲んでる。「もうそろそろ」って言ってスタジオを出て、それから店でまた飲むんですから。

——やりたい放題ですね（笑）。飲み代もすごい金額だったんじゃないですか？

志村さんに一回注意したことがあるんですよ。「いつも飲みに行くときにスタッフまで連れていくけど、年間いくらかかってるかちゃんと計算しましょうよ」って言ったら、「わっすげぇかかってるなぁ」って驚いた顔してね。「もうちょっとそこ考えないと」って念を押すと、「でもねぇ。仕事場で興奮しちゃったのをどっかで落ち着かせないと家帰れないんだよ。帰って話す人いないんだもん」ってこぼしてね。

ワァーって汗かいてコントやって、家帰ったらひとりぼっち。そのために犬がいたりもしたんでしょうけど、そういう人恋しい思いみたいなのはしょっちゅう口にしてました。だから、仕事場に家族を求めたんじゃないですか。志村さんの仕事場のファミリー感って本気だったんですよ。スタッフさんにすごく怒ることもあったけど、同じくらい一緒になって笑う。あれは表面上じゃない本当の関係でしたね。

――渡辺さんも『Shimura-X』でトークを頼まれるっていうのは、志村さんから相当信頼されていたってことだと思うんですよ。ご自身では、信頼された理由ってどのあたりにあると思いますか?

さっきと矛盾するわけじゃないけど、志村さんってエキスパートは好きでしたね。たとえば僕自身がいまだに劇団にいるってことをすごく評価してくださった。

「芸能界でこれだけいろんなことをやっていて、俳優をやめたっていいはずなのに徹ちゃんはこだわりがあってやってる。そういう人間が好きだ」って言葉をいただいたことがあります。ということは、志村さん自身もそういう考え方だったんでしょうね。

番組のゲストを考えても、単に面白い人っていうんじゃなくて、何かをやっている人を呼んでますよね。俳優だとか歌手だとか。タカアンドトシが「僕ら〝欧米か〟ぐらいしか（代表的なネタが）ないんです」って口にしたら、志村さんに「バカ野郎、それをやり続けたら立派なもんだ」と返されたってよく言ってますけど、それって言い得て妙だなと。志村さんはコントを芸としてやってたんでしょうね。だから、「芸としてやろうとしている人」が好きで、一緒に何かやりたくなったんだろうと思いますよ。

## 芸を極めてく人って素人のすごさがよくわかってる

――山田《やまだ》邦子《くにこ》さんと司会をされていた『邦子と徹のあんたが主役』は、『加トちゃんケンちゃん～』の「おもしろビデオコーナー」から発展したような番組ですよね。この番組も志村さんとのつながりを感じますね。

ご縁がありますよね。志村さんっていろんな素人さんをモデルにしてキャラクターをつくってたじゃないですか。芸を極めてく人って素人のすごさがよくわかってるんですよね。うそがないから、芸にプラスに働くんだと思う。

そこを見つめていくと、ああいう素人投稿のビデオは興味持つだろうなって。動物や子ども、お年寄りの面白さを撮ったホームビデオって志村さんの芸と合致してるなと思いますよ。だって昔から一般の人をあんなに観察してる人なんだもの。そのラインに乗ってる話なんでしょうね。

――おっしゃる通りだと思います。志村さんってコントのオチよりも、キャラクターを重視していた感じもありますよね。

志村さんが亡くなってから特番が多かったじゃないですか。そこで『ドリフ大爆笑』のコントとかたくさん流してましたけど、やっぱり今見ても面白いんですよね。別の日に衛星放送とかで昔のドリフのコントも見たんですけど、基本的には同じことやってる。でも、だからこそすごいんです。

古典落語にしろ、シェークスピアにしろ、もうやり尽くされてるじゃないですか。にもかかわらず、洋の東西を問わず、いまだに100年以上前の演目が上演されている。なぜかって理由を考えると、お客さんはストーリーを見にきてるわけじゃないってことなんですよ。

コントもそうで、展開とオチだけを見にきてるんじゃない。そこで起きている出来事、人間の右往左往が人は見たい。その右往左往は、いつでも現実で今目の前で起きてることなんです。つまり、あの志村けんが目の前で汗かいてコントをやってるっていう臨場感ですよね。だから、同じことやってても笑っちゃうんだと思うな。

——志村さんは早くからそこに自覚的だったと思いますか？

わかってたでしょうね。だって、最後に「たらい落とそう」とか「水いっぱい出そう」とかってオチは、本人が一番「またこれか」って思うはずじゃないですか。だけど、志村さんは自信持ってやってましたよ。スタッフさんも、何度もやってきたことを「はい」ってやる。僕だって一瞬思いましたよ、「もうオチのパターンがないのかな？」って。でも、やったら面白いし楽しいし、「ムリして変える必要がない」ってことなんですよね。

古典落語もそうじゃないですか。同じ噺でも落語家が変われば、別の噺に聞こえてくる。志村さんの場合は、「だから、相手役を変える」ってことが重要だったんじゃないですか。オチは一緒でいいから、共演者を変えるっていうことが。

## 近くて尊い。それでいて温かい唯一のスター

――最後に志村さんとお会いになったのはいつごろになりますか?

最後はいつかな……電話ではいろいろ話してましたけど。うろ覚えですけど、2~3年前に深夜でやっていたコント番組が衣替えして出たのが最後だと思います。「たまには出てよ」と誘われて、第1回のゲストが僕だったんです。しかも、その収録日は志村さんのお亡くなりになった日で。何かのご縁というか、複雑な気持ちになりましたね。

――本当に最後までご縁があったんですね。残念ながら亡くなってしまわれた志村さんに伝えたい思いなどあれば聞かせてください。

朝ドラの『エール』もいい意味で、コントと違って何もしない志村さんが本当に素敵でした。やり過ぎず、やらなさ過ぎず、余計なことをしないっていう加減がね。余計なことをしないっていうのは、余計なことをいっぱいやってきた人じゃないとできないと思うんですよ。志村さんのお芝居だけじゃなく、話の展開を含めてこれからだと思ったから、本当に残念でしたけどね。

この歳になると、自分の親だったり親友だったり、人の死っていうのに出くわす

機会が多くなってくるんです。そんな中、訃報を聞いた途端に涙が止まらなかったのは志村さんだけでした。志村さんが親戚のように扱うから、まるで自分が親戚みたいになっちゃったんですかね。

だけど、世の中の人はみんな死ぬわけでね。それは決まっているわけで。今、新宿や渋谷の街中を歩いてる人がいますけど、100年後は誰も生きてないですよ。ただ、消滅しても〝無〟にはならない人がいて。みんなの心に残ってる人は無にはならないので、志村さんは死んでいないって僕は思ってます。

今までいろんな人と共演させていただいて、それぞれに素敵な人がいたけど、志村さんは圧倒的に〝近い〟んですよね。近くて尊い。それでいて温かい。お笑いだからとかじゃなくて、ああいうスターっていないんですよ。はにかみ屋でとっつきにくそうな雰囲気に見えるときもあるんだけど、温かいんだろうなぁ。

やっぱり偉大な人っていうのは、自分にとってのその人を想起させるんですよ。それは著名なスターとかでもあるんだけど、志村さんの場合はそれよりもっと深いところに染み入ってくる。ここまで近いって感じるスターは、志村さんが唯一なんじゃないかな。だから、日本中のみなさんが悲しんだんだろうと思いますよ。

また去り方がね、なんの心の準備もなく「ちょっと待ってくれよ」って。心と一致させるのに時間を掛けさせるじゃないですか。それも志村さんの不器用さっていうか。つい触れたくなっちゃう。最期までそうだったのかってね。

## 取材を終えて

渡辺さんは、志村さんのターニングポイントで現れたこれ以上ない理解者だった。番組のトークコーナーでは新たな出会いをサポートし、コントや芝居では晩年まで続いた舞台『志村魂』のスタートを後押ししている。信頼されて当然の存在と言えるだろう。

とくにトークバラエティーが主流となっていった1990年代中盤は、舞台俳優である渡辺さんの言葉がとても心強かったのではないだろうか。ドリフターズで培ってきたやり方を客観視できただろうし、今後自分がどこへ向かうべきか再認識することもできたはずだ。その先に「役者・志村けん」が誕生したのは、ある種必然だったのかもしれない。

お笑いが好きで、ゴルフに行ったり将棋を指したりと、2人は趣味嗜好が似ているところもあった。志村さんが渡辺さんに心を許していただろうことは容易に想像できる。それだけに、志村さんの死に対する悲しみもひとしおだったことだろう。
格好悪さ、だらしなさ、切なさ、弱さ、いかがわしさ。志村さんのコントには常に哀愁が漂っている。それが志村さんの信じていたリアリズムであり、気の置けないスタッフや友人に見せていた自身の姿だったという気がする。志村さんの存在が「近くて尊い」のは、その虚実皮膜を実際に生きたからではないだろうか。

（初出 ｗｉｔｈｎｅｗｓ、２０２０年10月29日配信）

［第3章］

# コメディアン・志村けんの成分

そもそもコメディアン・志村けんはどんな要素で構成されているのか。テレビの舞台中継、日本の軽演劇、アメリカのコメディアン、人気ミュージシャン、コントで使用されていた楽曲や流行歌、関西の演芸文化から、志村の中にある主な成分を分析してみたい。ここで挙げたものはごく一部だが、とんでもない情報量の多さだ。志村は探求心の塊だった。

## 喜劇役者

### ■東宝爆笑ミュージカル『雲の上団五郎一座』

志村は中学生の頃にテレビで『雲の上団五郎一座』の舞台中継を見ている。雲の上団五郎一座とは、1960年に東京宝塚劇場の東宝ミュージカルで初演された芝居だ。貧乏な旅回りの一座が劇中劇で歌舞伎の演目など著名な芝居を演じるという趣向で、爆発的な人気となった。

とくに志村の印象に残っているのは、三木《みき》のり平《へい》と八波《はっぱ》むと志《し》の「与話情浮名横櫛《よわなさけうきなのよこぐし》」（通称「切られ与三《よさ》」「源氏店《げんじだな》」「お富与三郎《よさぶろう》」など）という演目だった。普段は仏頂面だった志村の父親の憲司も、このときばかりは声を出して笑ったという。

「後々僕もまねしてやったんですけど、『お富さん（『お富与三郎』）』っていうネタで『御新《ごしん》造《ぞう》さんぇ、おかみさんぇ、お富さんぇ』っていうのがあるんですよね。それでのり平さんが（足を）こうやってやるんだけど、なかなか足が組めないんですよね。もう何回もやるんだけど。そこをひっくり返って笑ってましたもんね、おやじはそのときは。だから、テレビ見ながら両方（憲司も）見て『笑ってるよ。スゲェ』と思って」*1

この演目は伝説となっており、コント55号の萩本欽一も絶賛している。*2 志村だけでなく、多くの著名な芸能人に影響を与えた舞台だったのだ。

## ■柳家金語楼、てんぷくトリオ

志村の初舞台は、小学校４年生だった。友人の家に遊びに行くと、初代柳家金語楼《やなぎやきんごろう》の落語のレコードを見つけた。その友人と２人でこれをやろうと思い立ち、学級会のような場で落語をコントに仕立てて披露した。

著書『変なおじさん【完全版】』には、「たしか酔っ払いの話で、どうやってコントにしたのかは忘れたけど、それをやったことだけはしっかり覚えてる」と書かれている。柳家金語楼には「酒」「子供の酔つぱらひ」といった演目があるが、具体的にはわからない。

注目すべきは、柳家金語楼が、エノケン（榎本健一《えのもとけんいち》）、ロッパ（古川《ふるかわ》ロッパ）と並ぶ三大喜劇人と称されたコメディアンでもあったという点だ。志村は晩年まで大事にしていた酔っ払い役で初舞台を踏んだ。

高校生の頃には、トリオを組み、文化祭でコントを披露している。前出の『変なおじさん【完全版】』に「腹巻にステテコの姿で口のまわりを黒く塗って、てんぷくトリオみたいな格好をした写真が残っている」と書いている。

てんぷくトリオは三波伸介《みなみしんすけ》、戸塚睦夫《とつかむつお》、伊東四朗からなるお笑いグループで、1960年代に起きた演芸ブームの一つ「トリオブーム」の中心的な存在だった。志村の高校時代というと、ちょうど彼らが日本テレビ系列の『九ちゃん！』（1965年11月〜1968年10月）に出演し、人気が拡大していった頃だろう。

「口のまわりを黒く塗って」と描写されているところを見ると、志村は「びっくりしたなぁ、もう！」でお茶の間の人気者となった三波役を担っていたと思われる。

三波はトリオのリーダーであり、司会者、コメディアン、俳優として活動するテレビスターの先駆け的存在だった。しかし、晩年はテレビの仕事をセーブし、舞台に力を注いでいる。*3

志村も50歳を超えてから舞台『志村魂』をスタートさせた。生粋のコメディアンは、最終的に舞台にたどり着くのかもしれない。

## ■由利徹

志村には、コメディアン・由利徹と共通するところが多々ある。

由利は、1942年にムーランルージュ新宿座に所属していたコメディアンだ。しかし、戦争のあおりを受けて中国華北地方へ赴任。45年に日本に戻って復帰するも51年にムーランルージュが解散。その後、高額なギャラを提示されてストリップ劇場でコントを披露するようになる。

売れないコメディアンたちが集まり、56年に南利明《みなみとしあき》、八波むと志とともに「脱線トリオ」を結成。これを機にテレビ出演が増えていった。ちなみに由利は、60年代の舞台『雲の上団五郎一座』に出演しており、79年に行われた同タイトルの公演では4代目座長に就任している。

宮城県石巻《いしのまき》市の生まれで、東北弁の面白さでも笑いをとった。たとえば「チンチロリンのカックン」を「ツンツロリイのカックン」と表現する。*4

ドリフターズでも、福島県福島市育ちの加藤茶が駐在所に勤める警察官に扮して「失礼しました」を「すんずれいしました」と訛らせて笑いをとっていたが、その前提には『シャボン玉ホリデー』（日本テレビ系列）で定番となった植木等《うえきひとし》のギャグ「お呼びでない？　お呼びでない？　こりゃまた失礼いたしました！」と、由利の東北訛りのコントがあったと想像される。志村もまた、コントの中で「お爺さん、お婆さん」を「爺様《じさま》、婆様《ばさま》」と表現したり、東北訛りの口調を取り入れたりしてキャラをつくっていた。

ひいては、代表的なギャグ「だいじょうぶだぁ」は福島弁がネタの大本だ。志村の兄の妻が福島県出身で、その義姉の実家に志村も一緒に遊びに行ったところ、義姉の父親が、「だいじょうぶだぁ」と連呼していたことが起点となっている。*5

また、このギャグのブレークとともに冠番組となったフジテレビ系列の『志村けんのだいじょうぶだぁ』内のコント「ご存知！じいさんばあさん」では、由利が得意とした名人芸「裁縫のパントマイム」をオマージュして笑わせている。

志村が婆さん役、田代が爺さん役に扮し、冒頭で「爺さんや〜」「婆さんや〜」というお約束の掛け合いで始まる。田代が話題を振るたびに志村が歌ネタを交えながらボケ倒していくのだが、この間、さりげなく志村が〝縫い物の所作〟を見せて笑わせるのだ。

由利と同じく、あたかも縫っているかのようなリアルな動き。これに加えて、志村は針を頭や顔の一部に突き刺す展開をつくった。毎週ではなく、ごくたまに序盤の細かな笑いとして披露する配分を含めて絶妙な芸だったことを思い出す。

それまでもドリフのコントに婆さん役で出演することはあったが、志村がこんな細かな芸を見せたのは「じいさんばあさん」が初めてだったように思う。観覧のキャパの狭さも関係してのことだろう。ここぞとばかりに志村は器用な一面を見せて笑わせた。

コメディアンの技術に誇りを持っていたところも似ている。由利は、海外のオペラなどを取り入れ滑稽でにぎやかに仕立てた喜劇「アチャラカ」について、こんな持論を語っている。

「しっかりした芝居の基礎が叩き込まれていて、そっからこなきゃ長持ちしないもんなんだよ。いきなり素人が、よしアチャラカやろうったって無理。踏んでころんで突っ張ねてるだけじゃ長持ちしないよ。なんてったって基礎がなけりゃ。カチっとやってくずすのがアチャラカ。いきなりくずすっていうのはドタバタですよ。（中略）わりと利口そうなこと言うけど、体と手足がついていかないから面白くもなんともない。アチャラカって一口に言っても大変なんだよ」[*6]

「体で笑わせる」というのは、ことあるごとに志村が語っていたことだ。だからこそ、と言うべきなのだろうか。年齢を重ねるにつれ、人情喜劇に傾倒していったのも同じだった。

晩年の由利は、古典落語の「文七元結《ぶんしちもっとい》」や「妾馬《めかうま》（八五郎出世噺《はちごろうしゅっせばなし》）」や「芝浜《しばはま》」を芝居にした作品が好きで、よく酒席では「客は笑いたいけど泣きたくて芝居を見に来るんだからな。俺のな、そういう芝居が受けるんだよ」と口にしていたという。[*7]

伊東四朗のように、いくつになってもカラッとした喜劇を好むタイプもいるが、一座を持つようなタイプのコメディアンは人情喜劇に向かう傾向が強い。体技の笑いを突き詰めていくと、哀愁へとたどり着くのだろうか。

## ■東八郎

志村のコメディアン人生に影響を与えた一人が東八郎だ。1986年から不定期で放送されている特番『志村けんのバカ殿様』で初代家老役を務めたコメディアンとしても知られている。東八郎は、生まれも育ちも浅草である。さらには浅草フランス座で芸人修業を積んだ生粋のコメディアンだ。65年に小島三児《こじまさんじ》、原田健二《はらだけんじ》と「トリオ・スカイライン」を結成（71年に解散）。以降は、テレビ、映画、舞台と幅広く活躍し、86年には私塾「笑塾《しょうじゅく》」を開くなど後進の育成にも貢献した。コント55号の萩本欽一が「僕の本当の師匠は東さん」と語るほど敬愛していたことでも有名だ。[*8]

ツッコミもボケもうまく、芝居の評価も高かった。志村もその魅力に引き寄せられ、東を慕っていた一人だ。

「『ケンちゃん、俺が芸人の遊び方を教えてあげるよ』と、芸者遊びを教わって。正月には一緒に伊豆の下田のほうへ行ってはね、芸者を呼んでみんなで『バカ殿様』のＶＴＲを見るというのが恒例行事になっていました」[*9]

志村は、『バカ殿様』で見せていた東の演技を称賛している。それはベテランの凄みであり、志村が向かうべきコメディアンの道を明確にしたと言えるかもしれない。

「東さんは演技が本当にうまかった。東さんの家老が、先代の位牌に向かってバカ殿のことを案じて独り言をつぶやいているうちに息ができなくなって、『カッカカッカッ』てなっちゃうところなんか、思わず大笑いしちゃう。

あれは台本では、ただセリフを書いているだけの場面で、普通に言えばいいところだ。そこに少しでも笑いを足していこうとする姿勢がすごい。ああいうことは、なかなかできない。

それと、最後の『カッカカッカッ』をやる直前までの芝居がすごく自然だ。

ギリギリまで、ちゃんと家老らしい芝居をしてる。それで最後になって初めてああいうヘンなことをするから、その落差がすごくおもしろい。

（中略）

僕は、いつも本物らしく見えることを心がけてるけど、改めて間違ってないと思った」[*10]

きっちりした芝居の延長線上にあるのが志村の笑いだ。浅草の代表的なコメディアン、東から学ぶところは多かったのだろう。

# 海外のコメディアン

## ■ジェリー・ルイス、マルクス兄弟、チャールズ・チャプリン

志村は海外のコメディアンから色濃く影響を受けている。その代表的なところが第2章でも触れたジェリー・ルイスだ。１９５０年代のアメリカでドタバタ喜劇の帝王として知られたコメディアンである。

とくに志村に影響を与えたのが1960年に公開されたコメディー映画『底抜けてんやわんや』だ。この映画でジェリー・ルイスは主演だけでなく監督デビューを飾った。内容は、あるホテルのベルボーイが次々と失敗を繰り返すドタバタ劇だ。ルイスは一人二役を演じているが、ベルボーイ役では最後までセリフを発することなく、体の動きと表情だけで笑わせる。志村の笑いの方向性が決まった瞬間だった。

「(『底抜けてんやわんや』に)衝撃を受けましてね。『面白いなあ、しゃべんなくていいじゃん』って。それからですね。どっちかというとぼくの笑いが、動きが7で、しゃべりが3ぐらいになったのは。だから、酔っ払いとか、ああいう動きで笑わせるの、好きですね[*11]」

『底抜けてんやわんや』の笑いどころは、TBS系列の『加トちゃんケンちゃんごきげんテレビ』やフジテレビ系列の『ドリフ大爆笑』でもオマージュされている。車の中から大量の人間が出てくる、電話のベルが鳴り続ける、指揮者とオーケストラが噛み合わないといったモチーフは、この映画からの影響と考えて間違いないだろう。

また、鏡に映る相手と自分の動きがズレる「鏡コント」も、志村が好んで演じたことで知られている。これを最初にやって見せたのがマルクス兄弟だった[*12]。

マルクス兄弟は1910年代〜1940年代に活躍したチコ、ハーポ、グルーチョ、ガンモ、ゼッポの5人兄弟からなるコメディアングループだ。30年代、ガンモを除く4人は多くの映画に出演し、後世のコメディアンに大きな影響を与えた。

その映画の一つ、1933年に公開された『我輩はカモである』の鏡コントは今見ても笑ってしまう。鏡の前を歩くと、鏡の中の相手もついてくるがどうもおかしい。一旦壁に隠れてもう一度覗く、ジャンプしながら横切る、踊ってからクルリと一回転するなど、動きを増やすほどにますますズレていく。最終的には、鏡の中の相手が落とした帽子を拾ってあげたり、2人目が登場したりしてバレるのだが、それまでの過程が妙におかしい。志村は、これにボールを使ったり、時には鏡ではなく「自分の影とのズレ」を見せたりとアレンジを加え、さらに笑いを増幅させていった。

また、「ヒゲダンス」のヒゲと軽やかな踊りは、グルーチョ・マルクスからきているとの指摘もある。登場シーンなどで〝前かがみの大股歩き〟をよく見せているからだろう。『8時だョ！全員集合』でアシスタント・ディレクターを務め、その後はディレクターとしてかかわった元TBSの塩川和則《しおかわかずのり》は、ヒゲダンスの成り立ちをこう語っている。

「ラスベガスからメキシコのビーチリゾート、アカプルコに行ったスタッフが、現地の砂浜で外国人が生卵でキャッチボールをして遊んでいた話を会議でしたんです。そこからゴム製の卵を作ったり、いろんなアイデアを試して、サーベルで果物を突くやり取りに辿り着いた。一方、コントの大枠は、志村さんがソウルの曲のリフを参考にした音楽と踊りを完成させたことで決まっていったのです[*13]」

コントの大枠を一任されていたならば、志村がグルーチョ・マルクスの動きを参考にしていてもなんら不思議ではない。いずれにしろ、志村の貪欲な姿勢がヒゲダンスを生み出したと言えるだろう。

ちなみに志村は、イギリス出身の喜劇王チャールズ・チャプリンも好きだった。チャプリンの映画には、貧乏人が高慢な金持ちの鼻を折って笑うというパターンがある。この構図は、権力者（いかりや）の足をすくうドリフの笑いにも通じている。志村はピンで番組を始めてからも、その部分を大切にしていた。

「僕もじいさん、ばあさんといった役をやるけど、彼らは世の中で弱い立場にいる人たちだ。それがいろんなことをやって笑いが生まれて、最後にはじいさん、ばあさんが勝つ。そうやって弱い者が勝たないと、僕はおもしろいと思えない[*14]」

これはドラマシナリオのつくり方でもまったく同じことが言える。見る者に感情移入させるためには、主人公が自分と同じか、もしくは弱い立場に設定する必要がある。なぜなら、人は強者よりも弱者に対してシンパシーを感じる生き物だからだ。やはり志村は、つくづく芝居の人なのである。

## ■レスリー・ニールセン

研究熱心な志村の姿勢には抜かりがない。古いものだけでなく、同時代的な海外のコメディー映画やコメディアンも常にチェックしていた。志村の著書『変なおじさん【完全版】』では、そのあたりについていくつか感じたことを綴っている。

体を使った笑いで人気を博したジム・キャリー、ウディ・アレンが、カッコいい役へとシフトしたことを残念に思っていること。アメリカで大ヒットした映画『最終絶叫計画』を見て大笑いしたこと。日本でも放送されていたコメディーテレビシリーズ『Mr.ビーン』ことローワン・アトキンソンと共演しないかという話をもちかけられたが、うまくいかないだろうと考えているうちに立ち消えになったことなど、どれもなかなか興味深い。

その中でも、『裸の銃を持つ男』シリーズなどのコメディー映画で知られるカナダ出身のコメディアン、レスリー・ニールセンについては、特別な思いがあったようだ。

「彼（レスリー・ニールセン）も、ずいぶんパロディ映画をやってる。ヘタすりゃ見逃しちゃうような小ネタをいっぱい入れる人だけど、僕はそういうところが大好きで、イキだと思う。『オースティン・パワーズ』なんかは、「どうだ！」って思いきり正面からネタを見せる。だけど、オシャレなコメディ映画って、それに加えて、チラッチラッとネタをやる。だから2、3回見ると、こんなこともやってる、というのが見つかって、何度でも楽しめる」

実際に志村は、『加トちゃんケンちゃん～』、フジテレビ系列の『志村けんのだいじょうぶだぁ』にゲストとして招き、コントで共演を果たしている。

どちらも『裸の銃を持つ男』の主人公フランク・ドレビン刑事（『だいじょうぶだぁ』では階級を警部としていた）が来日し、日本の文化に触れつつ笑いどころをつくっている。

とくに『だいじょうぶだぁ』は、志村とレスリーの2人の掛け合いが絶妙だった。レスリーがボケに徹し、基本的に志村がツッコミを入れながら話は展開していく。盛りそばに直接お汁をかける、公衆トイレで用を足すと勢い余って水しぶきが上がる、おならでビルが崩れるなど、画として笑えるものばかりだった。あらゆるコメディー映画に精通する志村だけに、スムーズに撮影を進行させていっただろうことが想像される。

レスリーは、『だいじょうぶだぁ』の後続番組『志村けんはいかがでしょう』でもトークで顔を見せている。映画のプロモーションとはいえ、何度も顔を見せたのは信頼する日本のコメディアン・志村けんの番組だからこそだろう。

また志村は、深夜バラエティー『Ｓｈｉｍｕｒａ－Ｘ』で、それまでのコント番組とは違う路線を目指していた。ここにも、アメリカのコメディーの影響が表れている。


「気まずい雰囲気の中で終わることもあるし、実はどうなったの？　って余韻を残した終わり方もある。コントらしいオチの形式にとらわれずに自由にやってる。アメリカのビル・コスビーなんかがやってるシチュエーションコメディっぽい感じかな」


志村のイメージには、１９８４年～１９９２年までアメリカのＮＢＣで放送されていたホームコメディー番組『コスビー・ショー』があったようだ。

志村は、それまでの強烈なキャラクターで笑わせるコントではなく、『コスビー・ショー』のように家族のささいな出来事から笑いを生むドラマ仕立てのコントに挑戦しようと考えていたのだ。私はこの『Ｓｈｉｍｕｒａ－Ｘ』で試したことが、『となりのシムラ』（ＮＨＫ総合。２０１４年〜２０１６年まで不定期で放送されていた全6回のコント番組）で結実したように思えてならない。

『となりのシムラ』は、カツラなしメイクなしの素の状態の志村が、家庭を持つ中年男性のほろ苦さを演じて笑いを誘うコント番組だ。『Ｓｈｉｍｕｒａ－Ｘ』に比べると、さらにリアリティーのある〝中高年あるある〟を扱ったエピソードが秀逸だった。まるで哀愁漂う父親を眺めているような〝近さ〟を感じた。

ありとあらゆる海外の映像資料に目を通し、日本人ならではの身近な笑いへと昇華させる。志村が日本だけでなく海外からも支持されたのは、動きや表情で笑わせる〝わかりやすさ〟だけが理由ではない。圧倒的な情報量によって、シンプルなコントの旋律を生み出していたことによるところも大きいのだ。

# コント55号

## ■マックボンボン時代に目指したコンビ

お笑いの道に進むにあたり、志村がドリフターズとコント55号のどちらの門を叩くか迷っていたという話は有名だ。コント55号は、萩本欽一と坂上二郎からなるコンビで、1960年代後半から圧倒的人気を誇った。志村もそれに魅せられ、高校時代に応援団長を務めた際、コント55号の動きを取り入れたほどだった。[*15]

コントの中に出てくる萩本の「なんでそうなるの？」、坂上の「飛びます！　飛びます！」は当時誰もが知るフレーズとなった。カメラアングルを無視して舞台いっぱいに動き回るコント、萩本から繰り出される執拗なツッコミは、それまでにないまったく新しいスタイルだった。

志村がドリフの正式メンバーになる前、同じ境遇の付き人同士でマックボンボンというコンビを組んでいるが、恐らくイメージにあったのはコント55号だろう。というのも、2020年に萩本が初めて志村についてのコラムを書いた中で、こんな一節があったからだ。

「最後にドリフターズへ入ってきたのがけんちゃんだった。でも、ぼくは彼の名前を実はずっと前から知っていた。というのも、コント55号の人気が絶頂だった頃、あるテレビ局の人にこう言われたことがあったの。

『大将、志村けんという名前は覚えておいた方がいいですよ。ひょっとすると、大将を追い抜いていくような人かもしれないから』

『なんで?』

と聞いたら、彼は続けた。

『だって、彼は毎週のように僕のところに来て、「すみません。55号の台本ありますか」ってもらいに来るんだ。そういう人じゃないかな、55号を抜いていくのはさ』

やっぱりすごい芸人というのは、そんなふうに貪欲に努力と行動を続けているものなんだね*16」

いずれにしろ、志村がいかにコント55号のエッセンスを吸収しようとしていたかがうかがえるエピソードだ。

## ■萩本欽一との共演

萩本欽一と志村は2、3回仕事をともにしているそうだが、はっきりと示されたテレビ共演は2回だ。初回は、なんと志村がマックボンボンを組んでいたときだった。

「実は、ぼくが一人でテレビに出るようになってすぐの一九七三年に、彼（志村）と一度だけ番組をやったこともあるんだ。

ただ、その番組はスポンサーを怒らせるようなことをしたぼくが、初回で降板になっちゃってさ。もしあの番組を続けたら、けんちゃんとはもっと仲良くなれたかもしれないなあ……」*17

そして、もう一つが『加トちゃんケンちゃん～』にゲストとして萩本が出演した回だ。同番組が視聴率に少し苦戦していると聞き、萩本は「応援に行く」ような気持ちで参加したという。寿司屋の大将を萩本が演じ、カウンターに座る志村にとことんつっこむ。反対に、加藤茶には優しく接してコントラストをつけていたのが印象的だ。

「ぼくはほとんどアドリブでのゲスト参加だったんだけれど、とにかく二人と一緒にやるコントは、ツッコミやフリが楽だった。

ぼくが意図したことを二人がすぐに察してくれるから、どんどん調子も上がっていってね。そのうち、ケンちゃんのおでこをポーンと叩いたり、『なんでそーなるの!』って手が出たりするようになって——。

(中略)初めてのコントでそれが自然とできたのは、相手が『動きの笑い』を分かっている二人だからこそ、だったよね[*18]」


このコントは萩本にとっても思い出深い仕事だったそうだ。当時子どもだった私は、あまりにつっこむ萩本を好意的に見られなかった。しかし、大人になって見返してみると、志村はこれ以上ない緊張感とやり甲斐を感じているように見える。あこがれのコメディアンとの共演は、きっと感慨深いものがあったのだろう。

# 音楽

## ■沢田研二

沢田研二は、志村と息の合ったコントを見せていたミュージシャンの一人だ。GS（グループ・サウンズ）全盛期からザ・タイガースのボーカリストとして脚光を浴び、ソロでも「時の過ぎゆくままに」「勝手にしやがれ」「TOKIO」といったヒット曲を持つスターだが、志村とだけはコントで道化を演じた。

使えない付き人（沢田）が志村をかき回すコント、酒を飲むと豹変する妻（志村）が夫（沢田）を戸惑わせ続ける夫婦コント、駅員やホテルマンの先輩（志村）が後輩（沢田）を指導するコントなど共演は数多い。その中でも代表的なのが「鏡コント」だろう。鏡をのぞくと、自分とは違う動きをする相手に気付いて首を傾げる例のコントだ。

決まって沢田は鏡の中の相手（ボケ役）を演じている。そのほかのコントでもそうだが、志村のツッコミや段取りをよほど信頼していたのだと思う。序盤はしっかりと志村の動きについていき、後半で崩していくという理想的な展開が毎度成立している。お互いのリズム感も合っていたのだろう。

『8時だョ!全員集合』『ドリフ大爆笑』だけでなく、2001年10月に放送されたNHK『金曜オンステージ　ふたりのビッグショー　沢田研二&志村けん』、2003年の舞台『沢田・志村の「さあ、殺せ!」』でも共演。2人のつながりは一時的なものではなかった。

普段はあまりしゃべらず、仕事に熱中するスタンスも似ていたのかもしれない。文化放送のラジオ番組『沢田研二・志村けんのジュリけん』(2001年10月〜2003年3月)を聞くと、お互いに敬語を使いながらも心地よい距離感で交流していたことが想像される。

ミュージシャン、コメディアンとして頂点を極め、お互いの才能を称賛し合っていた2人。その縁は、志村が亡くなってからも続いた。志村が主演を務めるはずだった映画『キネマの神様』に、沢田が代役として出演することになったのだ。

若い頃、髪型や顔が似ていると言われた2人だが、年齢を経てもどこか重なるところがあったのかもしれない。

## ■全員集合、ドリフ大爆笑の歌と楽曲

ドリフターズは、楽器を持たなくなり、コントが主体となってから人気が爆発した。とはい

え、『8時だョ!全員集合』では、オープニングとエンディング、ともに出演者全員が歌っているし、「少年少女合唱隊」という歌で笑わせるコーナーもあった。やはりベースには音楽があるのだ。

加藤茶の「ちょっとだけよ」で使用される「タブー」、コント中の「NASA音頭」など数え上げればきりがない。ここでは、志村らしさ溢れる三つの楽曲にスポットを当ててみることにする。

「東村山音頭」

志村の地元・東京都東村山市（旧・北多摩郡東村山町）の市制施行を記念して制作されたもので、歌手・三橋美智也《みはしみちや》と下谷二三子《したやふみこ》が歌っている。志村は四丁目だけでなく、三丁目、一丁目と〝三段落ち〟をつくった。とくに一丁目の「イッチョメイッチョメ、ワァ〜オ!　イッチョメイッチョメ、ワァ〜オ!」は、当時志村が傾倒していたソウルミュージックの影響を感じる。

「ヒゲダンス」

BGMは、アメリカのR&B歌手・テディ・ペンダーグラスの「Do Me」のベースラインをコント用にアレンジし直して制作し、「『ヒゲ』のテーマ」として音源化されている。当時、志村がソウルミュージックに傾倒していたことが如実に表れたコントと言えるだろう。

「早口言葉」

ファンキーな楽曲に合わせて踊りながら、「生麦生米生卵」「カエルぴょこぴょこ、三ぴょこぴょこ」「スモモも桃も桃のうち」と早口言葉を披露。トリの志村だけは音声が加工されていて、オチで「なかなか鳴かないカラスが泣いた鳴くのはカラスの勝手でしょ」と言って「難しいなぁ」で終わる。時にはカラスの小道具が現れて、会場の子どもたちと「カラスの勝手でしょ〜♪」と続く回もあった。

## ■『だいじょうぶだぁ』で使用された昭和の流行歌

フジテレビ系列の『志村けんのだいじょうぶだぁ』では、音楽が重要な役割を持つコントが数多い。その一部を見てみよう。

まずは「ご存知!じいさんばあさん」で使用された流行歌から。

「悲しき願い」（尾藤《びとう》イサオ）
1965年に大ヒットしたイギリスのロックバンド「アニマルズ」のカヴァーソング。爺さん役の田代まさしから「誰のせいなんだよ！」と追い込まれてからの「誰のせいでもありゃしないー、みんなおいらが悪いのさー、あーチンポコチンポコリーン♪」。

「プレイバックPart2」（山口百恵《やまぐちももえ》）
1978年5月にリリースされ、50万枚以上のセールスを記録したヒットソング。「ボケてんじゃねぇよ！」とつっこまれてから「ボケにしないでよー（右手を上げて、下ろしながら）、ジャカジャン！」。

「ブルドッグ」（フォーリーブス）
1977年6月にリリースされた曲。「『にっちもさっちもいかない』というフリがあってから「にっちもさっちもどうにもブルドッグ、ワンッ！」。

「愛と死をみつめて」（青山和子《あおやまかずこ》）
1964年7月にリリースされ、第6回日本レコード大賞受賞した曲。爺さんから冷たくされたあとに「じいさん 甘えてばかりでごめんね。ばあさんはとっても（ここで胸をよせるなどして強調する）寂しかったの♪」。

次にそのほかのコント、コミックソングを紹介しよう。

「赤ちょうちん」（かぐや姫）
1974年1月にリリースされ、映画化に合わせてシングル化されたヒット曲。いかにも貧相なアパートの一室に暮らすカップルが、「キャベツばかりをかじってた♪」のフレーズに合わせて、実際にキャベツを頬張るコント。最後はこれがひたすら繰り返されるため、志村はキャベツでむせ返っていた。

「ウンジャラゲ」（ハナ肇《はじめ》とクレージーキャッツ）
1969年7月にリリースされたコミックソング。だいじょうぶだぁファミリーが毎回この曲に合わせ、いろんなコスプレに身を包みながら歌っていた。なお、カヴァーした曲もシングルとしてリリースされてヒットしている。元の植木等はカラッとしているが、志村バージョンはどこか濡れている。最後の「はい、ご苦労様です」という、やや訛りのある気の抜けたトーンに、どこか70年代に熱烈な支持を集めた松竹新喜劇の看板役者・藤山寛美の匂いを感じるのは私だけだろうか。

このほか、『必殺仕掛人』をはじめとする「必殺シリーズ」のパロディーコントで使われていたテーマ曲も印象深い。いずれにしろ、コントで音楽を使用するにあたっては志村特有のこだわりがあったようだ。


「音楽をプラスすると笑いが強くなる。

『だいじょうぶだぁ』では、1時間に十数本のコントをやってたから、それぞれの雰囲気を演出する上で音楽はとても重要だった。

(中略)

ふつう音楽は、ビデオ編集の時に後から録音するものだけど、僕の番組では現場で音楽を流しながらコントを演じる。マイクが雑音を拾ったりとかの問題もあるけど、やっぱり音楽があると、やる側のノリが全然違う。そっちのメリットのほうが大きい」[*19]

映画がサイレントの時代、役者の感情を盛り上げるために音楽をかけていたと聞いたことがある。志村は、コントの演出や展開のためだけでなく演者としても音楽を求めていたのだろう。

# 関西の演芸文化

## ■桂枝雀

志村は東京出身でありながら、関西の演芸文化にも影響を受けている。その代表的な人物が桂枝雀《かつらしじゃく》だ。

上方落語の爆笑王とも称された枝雀は、そもそも落語家になる前は弟と漫才をしていた。ABCラジオのリスナー参加型番組『漫才教室』に出演し、審査員からも高評価を得ていた。しかし、プロを目指そうと訪問した大阪の芸能事務所で「芸人は日曜も仕事をする。日曜日の方が忙しい」と言われ、「日曜日も働くのか。これでは好きな卓球もできない」と二の足を踏んだこと、また叩かれ役の弟が離れたことで、落語への転向を決意した。

1961年4月、桂米朝《かつらべいちょう》の住み込み弟子となり、翌62年に大阪の千日《せんにち》劇場で初舞台を踏む。65年には関西テレビの大喜利番組『お笑いとんち袋』に出演。その後もラジオ番組でDJを務めるなど活動の幅を広げながら、73年に2代目・桂枝雀を襲名した。

82年に日本放送演芸大賞の大賞、翌83年に芸術選奨新人賞をそれぞれ受賞。古典落語を披露する一方で、ショート落語や英語落語を初めてものにした噺家でもある。84年3月に東京歌舞伎座で上方の落語家では初となる独演会を開催。チケットは完売となり、立ち見まで出る人気ぶりだった。ちなみに志村はこれを観ていたようだ。[*20]

志村の代表的なギャグに「だっふんだ」があるが、元ネタは枝雀の演目「ちしゃ医者」をヒントにしている。医者の咳払いが「だっふんだ」という面白いフレーズに聞こえたことから、志村は変なおじさんのオチで使ったのだ。さらに言えば、そもそもは初代桂春團治《かつらはるだんじ》のレコードに登場する「音」だったという。[*21]

志村がいかに枝雀ファンだったかは、番組で共演していた笑福亭笑瓶《しょうふくていしょうへい》がこう振り返っている。

「志村師匠から『笑瓶さん、大阪の落語家さんでしょ？　僕、枝雀さんが好きでね』ときて。続けて、『枝雀さんの落語の中に出てくるキャラクターが変なしゃべり方するの。それがもう面白くってねぇ。コントに生かせないかと思って。「そのキャラクターを使わせていただいてもいいですか？」って枝雀師匠に直接ご連絡して許しを得たんですよ』とおっしゃってました」[*22]

お笑いに対する向き合い方もよく似ていた。枝雀は73年に襲名したのを機に、所作や声の激しい芸風へと変えている。このことで大衆的な人気を得たのだが、一方でとことん自分の笑いを突き詰めるストイックな面を持ち合わせていた。[*23] 志村も子どもが大笑いするキャラクターを生み出しながら、セットや登場人物のバックボーンなど、常にリアリズムを追求するところがあった。

志村と公私ともに親交のあった「クリエイティブ30」の上村達也によると、「関西なら桂枝雀さん、東京なら立川談志《たてかわだんし》さんの落語をよく聴いていた」そうだ。どんな分野であれ、エッジの効いた表現を好んだのだろう。

## ■藤山寛美

関西には、志村を形成するにあたって外せない喜劇役者がいる。型破りな生き様で知られる松竹新喜劇の大スター・藤山寛美だ。

１９３３年、俳優だった父が病死したことを受け、翌34年に４歳で初舞台を踏んでいる。戦時中は旧満州に渡ったが、終戦後の47年に帰国し、翌48年に松竹新喜劇の結成に参加。活動する中で1億8000万円もの巨額の借金を抱え、一時は松竹と松竹芸能から契約解除を通告されてしまう。[*24]

しかしその後、松竹新喜劇の客足が伸び悩み、寛美は舞台へ復帰。寛美の負債は松竹が立て替えることになった。73年に芸術選奨文部大臣賞を受賞。この時期の寛美は人気、芸ともにピークを迎え、全国区で熱狂的なファンを生んだ。また舞台の活躍で負債も完済するなど、生き方でも大物ぶりを示した。

寛美は、人情喜劇の〝阿保役〟で一世を風靡した。丁稚《でっち》役、弟役、老け役など、演じる役柄は様々だが、共通するのは「普段は話すテンポが遅く、突飛なことを言ったりもする。その一方で、時おり鋭い言葉を放って人の胸を打つ」というキャラクターだ。ドリフターズのリーダー・いかりや長介も寛美の芝居には注目していたようだ。ドリフの元事務所スタッフがこんな証言をしている。

「歌舞伎も落語もいかりやさんがネタのヒントにしていたものです。いかりやさんは藤山寛美の舞台が好きでしたが、志村さんも新橋演舞場公演は密かに観に行って勉強していました[*25]」

実際に志村は舞台『志村魂』をスタートするにあたって、「新橋演舞場でやりたい」という思いが強かった。しかし、舞台構成の問題でこの計画は頓挫してしまう。その経緯についてラサール石井はこう語っている。

「(新橋演舞場側から)『1幕、2幕というような芝居じゃないと困る。バラエティーショーみたいなものはうちではやれない』と言われてしまったことで決裂しちゃった。志村さんは『子どもにも、お爺ちゃんお婆ちゃんにも笑ってほしい。だから、バカ殿様はやるんだ』って考えだったんですね[*26]」

あこがれた劇場での夢はかなわなかったものの、志村は寛美の演目を晩年までやり続けた。神経質だったり、マンネリと呼ばれたりと共通点も多い[*27]。だからこそ、志村は寛美にシンパシーを感じていたのだろう。

具体的に志村が繰り返し演じたキャラクターを考えたとき、真っ先に思い浮かぶのが「変なおじさん」だ。

変なおじさんは、志村がピンで活動を始めた番組『だいじょうぶだぁ』で誕生し、もっとも多く演じたキャラクターだ。テレビや本で「もう一人の自分」「僕の願望」と語っているちょっとエッチなおじさんである。また視聴者から反響があったものではなく、志村自身が毎回やろうと決めて披露していたのは変なおじさんだけだった。*28

このキャラクターには、様々な要素が入り混じっている。「変なおじさん、だから、変なおじさん♪」というフレーズは、沖縄のミュージシャン「喜納昌吉《きなしょうきち》&チャンプルーズ」の「ハイサイおじさん」の出だしを奇妙な踊りとともにアレンジしたものだ。「衣装の腹巻」と「突然現れ、最後に周囲の人間から怪訝な目で見られる展開」は、『シャボン玉ホリデー』でお馴染みとなった植木等の「お呼びでない？ お呼びでない？ こりゃまた失礼いたしました！」で終わるコントを参考にしたと考えられる。「だっふんだ」というオチのセリフは上方の落語家・桂枝雀のネタ「ちしゃ医者」で演じられる大げさな咳払いからきており、そのあとに見せる「寄り目」はジェリー・ルイス、「なんだチミはってか！ そうです、私が変なおじさんです」といった口調は東北訛りと、ジャンルを超えたモチーフがいくつも重なり合って完成されたものだ。同番組のDVD BOX「だっふんだ編」「ウンジャラゲ編」のジャケットでもメインキャラクターとして使用されており、書籍のタイトルにもなっている。つまり志村は、変なおじさんに特別な感情を抱いていた。寛美の阿保役にあたる手応えを感じていたのだと思う。

さらにはこの時期、ドリフターズとしてではなく志村個人で初めての舞台公演を行っている。

番組のレギュラーメンバーを「だいじょうぶだぁファミリー」と称し、1989年から1992年まで年1回のペース(全4回)で公演に挑んだのは、この頃から志村の中に「ドリフ仕込みの藤山寛美になりたい」という思いがあったのではないか。番組で公演の模様が一部放送されていたが、幕が降りて感慨深げな表情を浮かべる志村が印象的だった。

『だいじょうぶだぁ』でカメラマンを務めた藤江は、当時を振り返ってこう口を開く。

「『藤山寛美さんのようになりたい』って気持ちは、たぶんその頃からあったんじゃないかな。『だいじょうぶだぁ』より前から好きだった覚えがあります。やっぱり志村さんが好きなキャラクターだったと思うんですよ。周りからはバカにされているように見えるかもしれないけど、優しさを持っていて実は芯が強いんだっていうようなところとかね。ドリフとか志村さんは割とカラッとしたコントが多いですけど、ちょっと哀愁のある感じのキャラクターも演じてみたかったんじゃないですかね。それで、後に年1回の『志村魂』を始めたんだと思います」

ひとみばあさん、イエイエおじさんなど、どこか哀愁漂うキャラクターも『だいじょうぶだぁ』から生まれている。また、演歌や寂しげなフォークソングといったBGMが流れ、シリアスな場面から入るコントが定番化したのもこの頃だ。カラッとした笑いだけでなく、〝濡れた笑い〟を披露し始めたのは、寛美や由利徹をはじめとする人情喜劇の影響であろうことが想像される。

『だいじょうぶだぁ』は、クレイジーキャッツおよびドリフの文脈を引き継ぎつつも、一目で「志村けん」とわかる〝円熟した喜劇人〟へと独り立ちしたタイミングだったように思えてならない。

こうして「コメディアン・志村けん」の成分を解析すると、いかに志村があらゆるものから影響を受け、またその対象者をリスペクトしていたかがわかる。ドリフターズという音楽コントのルーツを引き継ぎながら、オリジナルのキャラクターを創作し、最後は舞台へと戻っていく。志村が常に追求していたのは、テレビスターへの道ではなく、爆笑を巻き起こすコントだった。

終演間際の寝ているシーンで拍手喝采を浴び、緞帳《どんちょう》が下りたと同時に最期を迎える。それが志村の本望だったのだ。[*29]

＊1　ＮＨＫ『ファミリーヒストリー』志村けんの発言、２０１８年5月28日放送
＊2　小林信彦・萩本欽一『小林信彦　萩本欽一　ふたりの笑タイム――名喜劇人たちの横顔・素顔・舞台裏』（集英社文庫）
＊3　テレビ朝日『驚きももの木20世紀』１９９４年12月２日放送
＊4　髙平哲郎『由利徹が行く』（白水社）

# コメディアン・志村けんの成分

＊5　志村けん『変なおじさん【完全版】』（新潮文庫）
＊6　髙平哲郎、前掲書
＊7　髙平哲郎「アチャラカの終焉　由利徹と三木のり平」『ありがとう笑名人　第一巻』（白夜書房）
＊8　髙平哲郎、同書
＊9　志村けん『志村けん　160の言葉』（青志社）
＊10　志村けん『変なおじさん【完全版】』（新潮文庫）
＊11　NHK「わたしはあきらめない」制作班・KTC中央出版編『志村けん――わたしはあきらめない』（KTC中央出版）
＊12　小林信彦・萩本欽一、前掲書
＊13　「高木ブー、仲本工事が初めて語った志村けん『全員集合』と下剋上」『週刊文春』2020年8月27日号
＊14　志村けん『変なおじさん【完全版】』（新潮文庫）
＊15　志村けん、同書
＊16　「欽ちゃん78歳の人生どこまでやるの!?⑩　欽ちゃん、志村けんを初めて語る『今、一番必要な人なのに…』」『週刊文春』2020年5月7日・14日ゴールデンウィーク特大号
＊17　『週刊文春』同記事
＊18　『週刊文春』同記事
＊19　志村けん『変なおじさん【完全版】』（新潮文庫）
＊20　小佐田定雄『枝雀らくごの舞台裏』（ちくま新書）
＊21　小佐田定雄、同書
＊22　鈴木旭「志村けんから一喝『わかってないんだよ！』笑福亭笑瓶が見た〝凄み〟」withnews、2020年11月12日配信
＊23　上田文世『笑わせて笑わせて桂枝雀』（淡交社）
＊24　藤山寛美『あほかいな――半生談議』（毎日新聞社）
＊25　「志村けん　愛と憎しみの『全員集合』①『師であり敵』いかりや長介を倒せ」『週刊文春』2020年8月13日・20日夏の特大号
＊26　鈴木旭「ラサール石井が語る〝舞台人〟志村けん　演出家として付き添った14年」withnews、2020年11月26日配信

＊27 小林信彦『喜劇人に花束を』（新潮文庫）
＊28 NHK『SWITCHインタビュー 達人達』2015年11月14日放送
＊29 NHK、同番組

［特別インタビュー］

# 伊東四朗が語る「喜劇役者」志村けんの魅力「あんたがいてよかった」

## 伊東四朗

いとう・しろう●1937年、東京都生まれ。1958年、軽演劇の石井均率いる劇団「笑う仲間」に参加。1962年に三波伸介、戸塚睦夫とともに「てんぷくトリオ」を結成。『笑って！笑って‼60分』などのバラエティー番組で活躍し、『みごろ！たべごろ！　笑いごろ！』でベンジャミン伊東として歌い踊った「電線音頭」が大ヒット。一方で、1983年のNHK連続テレビ小説『おしん』の父親役を演じ好評を博す。その後も舞台・映画・ドラマ、クイズ番組や歌番組の司会、ラジオパーソナリティーなど多方面で活躍。

## 初共演は『ドリフ大爆笑』

――志村さんと最初に出会ったのはいつ頃か覚えていらっしゃいますか?

ドリフターズのボーヤ(付き人)時代に会ってるのかもしれませんね。まったく覚えてないんですよね。最初にドリフターズと会ったのは、日劇(「日本劇場」……かつて東京都千代田区有楽町に存在した劇場)の舞台です。

マヒナスターズ(「和田弘《わだひろし》とマヒナスターズ」……ハワイアン、ムード歌謡の第一人者として知られる音楽グループ)の「お座敷小唄」が数百万枚を突破したっていう記念の公演があって、僕らてんぷくトリオとドリフターズが呼ばれたんですよ。共演したわけではなくて、別のコーナーでそれぞれ出演する形で、そのときからドリフターズは会場をワーワー湧かせるような人気者。けんちゃん(志村けんさん)は、そこにいたのかなぁ。

――荒井注さんが活躍されていた頃のお話ですね。初めて共演されたのはどの番組ですか?

フジテレビの『ドリフ大爆笑』が最初だと思います。覚えてるのは、加トちゃん(加藤茶さん)とけんちゃんがボクサー、僕が実況アナウンサーで長さん(いかりや長介さん）が解説のコント。けんちゃんと2人だけでやったコントはないと思いますよ。

## 「アイーン」のあとに100分の1照れる魅力

──『ドリフ大爆笑』が最初の共演だったんですね！　『加トちゃんケンちゃんごきげんテレビ』では、自動車教習所の教官役が伊東さん、生徒役が志村さんという設定で共演されています。

ＴＢＳの緑山スタジオでやった気はするんですけどね、その回はあんまり記憶がなくて。覚えてるのは、私が店番役で、そこにけんちゃんがキョロキョロしながらやってくるコント。けんちゃんが「何やってるの？」って聞いてくるから、私が「何って店番だよ」って言うと、「店番っていうのは、物売ってない間は何考えてるの？」ってくるので、「うるせぇな、お前。余計なこと言うんじゃねぇよ」なんて突っ返そうとするんです。

そのあと、「あなたはなんていう名前なんですか？」「伊東四朗だよ」「いとうしろう……うろしうとい。嫌な名前ですねぇ」なんて言って。今度は私が「じゃあお前なんて名前なんだよ」って聞くと「志村けんです」とくるから、「しむらけん……んけらむし。そっちのほうがよっぽど嫌な名前だろ！」とか言い返すんです

（笑）。「んけらむし」はできすぎで面白かったなぁ。

加トちゃんは「やちうとか……ロシア人みたいな名前だなぁ」なんて言ってね。テレビでやったコントなんだけど、『加トちゃんケンちゃん』だったかな。

――それ、私も見た記憶があります（笑）。伊東さんはメインゲストではない場面で『加トちゃんケンちゃん』に何度か出られていましたし、メンバーからしても恐らくそうでしょうね。

そうかもしれない。けんちゃんのいいところはね、ウワァッとギャグをやるんですけど、100分の1照れるんですよ。「アイーン」をやったあとに「どうだ」っていうふうな顔はしない。ちょっと照れるんです。見ている人は、あの辺にとっても共感するんだと思う。ずーっと変なことばっかりやっちゃうとダメなんだけど、スッと戻すんだよね。その辺が、けんちゃんはいいなって思って見てましたね。

## けんちゃんは、音の中で生きてきた

――伊東さんは、石井均《いしいきん》一座に参加してコメディアンの道に入られています。一方で志村さんは、ドリフターズで、ボーイズ（バンド）の系譜です。この下地の違いは芸風にも影響があったりするものですか？

音楽ネタができるかどうかでしょうね。もう僕らの時代から、音楽畑と軽演劇畑があったんですよ。エノケン（榎本健一）さん、（古川）ロッパさんは軽演劇、川《かわ》田《だ》義雄《よしお》（のちの川田《かわだ》晴久《はるひさ》）さんのいた「あきれたぼういず」（音楽コントグループ）は音楽、っていう両側があって。僕は軽演劇の人間だったから、音関係の人たちをうらやましく思っていたんです。

それがクレイジーキャッツ、ドリフのどっちのコントにも呼んでもらえて、後々には三《み》宅《やけ》裕司《ゆうじ》さんと出会ったことで、たくさんの音楽ネタをやることができた。さらには伝統的な喜劇と言っていいのか、三《み》谷《たに》幸喜《こうき》さんの作品や佐《さ》藤《とう》B《ビー》作《さく》さんの「東京ヴォードヴィルショー」にも出てる。本当に恵まれているなと思います。いろんなところから声を掛けていただいたのが、私の自慢なんです。

――伊東さんほど幅広く活躍されている方も珍しいですからね。志村さんは多感な時期にアメリカのコメディアン、ジェリー・ルイスに影響を受けたそうですが、伊東さんの世代も洋画コメディーの影響はありそうですよね。

影響は受けても、それを「コントに生かせる」なんて思ってもいませんでしたよ。チャプリンの映画を見て「これがお前にできるか」と言われても、生涯かけたってできない。自信持って言えますね、あんな動きができるわけがない。

けんちゃんは、音の中で生きてきたからこそ、海外のコメディアンの動きを反映できたんでしょうね。ドリフのコントも舞台袖で見ていたでしょうし。音の世界っていうのは、自然に入ってきますからね。そこはドリフという音楽畑のメリットだと思います。

コントは何が命かって言ったらリズムなんです。「1、2、3、4」っていうリズムは普通の人でも取れるんですけど、「ンタッ、ンタッ、ンタッ」って裏を取るのが一般の人はあんまりできない。リズムが染みついていると、裏の半拍のところでツッコミを入れられるから面白くなるんですよ。それが自然とできる強さっていうのはあると思います。音関係の人のうらやましいところですね。

## 『バカ殿様』のモデル

――志村さんの代表的なコント『バカ殿様』のキャラクターは、歌舞伎の演目「一条《いちじょう》大蔵《おおくら》譚《ものがたり》」のパロディーという説もあったりします。浅草で活躍されていた喜劇役者で、元祖・バカ殿様と言える方はいらっしゃいますか?

映画界にいましたよ。映画がサイレントからトーキーの時代に変わってから、コミカルな演技で人気者になった高勢《たかせ》実乗《みのる》さん。「アーノネおっさん、わしゃかなわんよ」のフレーズで知られた方です。マゲを高く結わえて、口元にヒゲをつけててね。それがモデルじゃないのかなぁ。その役者さんが歌舞伎をまねたのかもしれないけどね。

——すると、志村さんは映画の俳優さんからインスパイアされて『バカ殿様』を生み出した可能性が高いと。

そうかもしれません。それをもっと強烈にしたんだと思います。それと、けんちゃんの『バカ殿様』は、脇役を使うのもうまかったですね。侍女をはべらせて色気を出してね。男ばっかりじゃつまらないですから。

——今のテレビでカツラをかぶるような時代劇コントは、NHKで年に数本見られるかどうかです。『志村けんのバカ殿様』が唯一の長寿番組だったように思いますが、なぜ時代劇コントはなくなったのでしょうか?

私もNHKの『コメディー お江戸でござる』をやってましたけど、作家さんも、まげもの(時代劇)コメディーを書くのが大変で難しくなっているのかもしれませんね。

## いかりや長介の懐の深さ

——「作家さんが大変」と聞くと、ドリフのコントが長い会議の中でつくられていたというエピソードを思い出します。

長さんの台本づくりを見てると、あんなに我慢強い人もいないなと感じましたよ。作家はいるんですけど、内容に不満があると、メンバー全員がいるところでグーッと額に拳《こぶし》で考え込んじゃうわけですよ。これが始まると、3、4時間はそのまま。私が「長さん、ちょっとよその仕事やってきていいかな?」と出て行って、ひと仕事終えて戻ってきたら、同じポーズで考え込んでましたから。

その間、けんちゃんと加トちゃんが将棋を指していて、（高木）ブーたんは寝てたな（笑）。そういう積み重ねがあったから、『8時だョ!全員集合』っていうのは成り立っていたんでしょうね。やっぱり長さんですよ。

——1987年の『志村けんのだいじょうぶだぁ』から、ピンで毎週放送されるコント番組を開始しました。ただ、その後も志村さんがドリフのつくり方を継続したのは、いかりやさんをリスペクトしていたからだったように感じます。

リーダーは自分より売れるってことをあんまり快く思わないのが普通ですよ。ところが、長さんはメンバーに冠番組を持たせちゃう懐の深さがあった。その辺は、かつての事務所（渡辺プロダクション。ドリフターズは途中から同系列のイザワオフィスへ移籍）の先輩クレージーキャッツからの伝統なのかな。リーダーのハナ肇さんも植木等さんを単独で出し、谷啓さんも出す。それによってメンバー全体の底上げを図っていたんじゃないかと思うんです。

私はこの世界に入って「いずれは天下取ってやろう」と思ったことはありませんが、けんちゃんはそういう思いが若い頃からあったんだろうと思いますよ。だからこそ、いきなりメンバーになっても臆しているようには見えなかった。正式メンバーになったときから、レギュラーでいるのが当たり前だって顔でやってましたからね。私と違って、その点は志が高かったんだろうと思います。

## 好きな落語家で〝人となり〟がわかる

――志村さんは、落語家の2代目・桂枝雀さんのファンだったことでも知られています。伊東さんも落語好きで知られていますが、噺家の好みも芸風に影響したりしますか？

コメディーっていうのは、相手がいて成り立つもので、そこに不満が残ったりするけど、同じことを落語でやろうとしたら自分でしゃべるわけですよね。間の取り方から何から、自分がコントロールできる。それで私は落語が好きなんですよ。

好きな人の落語を聞いてると、「うまい間を取ってる」っていうのがよくわかる。だから、好きな落語家によって、その人の〝人となり〟はわかります。「あ、なるほどな」ってね。

――ビートたけしさんは、5代目・古今亭志ん生《ここんていしんしょう》さんがお好きですよね。

たけちゃん、そうなの？　私と一緒だ（笑）。志ん生さんの枕（落語の本編に入る前の小ばなし）は絶品ですからね。ちゃんとやってるように見えないんだけど、実はちゃんとやってる。そこが深いところですね。

――2006年からスタートした『志村魂』では、藤山寛美さんの演目を必ず披露していました。枝雀さんもそうですが、志村さんが上方のお笑い文化に傾倒していたのも興味深いところです。

舞台を見に行って、また不思議な感覚だなぁと思いましたね。藤山寛美さんのどんなところに惹かれたのか、その辺は本人に聞かないとわかりませんけど。関東の人が関西のものをやるっていうのは勇気いりますよ。

ただ、悲喜劇を好むというのは私と違うところですね。私は泣かせたいという気持ちはないですから。乾いた喜劇が好きで、お客さんが「泣く」っていうのは照れます。実際に泣くような芝居が私にできるかどうかはわかりませんがね。

## けんちゃんには、哀愁が漂っていた

――最後に志村さんとお会いになったのはいつごろか覚えていらっしゃいますか？

正月特番の『芸能人格付けチェック』ですね。けんちゃんは、2019年から2年連続で出演していて、2020年はタカアンドトシの2人と芸人チームを組んでました。ただ、最後に何を話したかは覚えてないなぁ。

笑い一筋でずっとやっていたから、今年（2020年）の朝ドラ（NHK連続テレビ小説『エール』）に出たのは驚きましたね。ドラマを見て、「なるほど」と思いましたよ。役者としてのけんちゃんもいい。もっと見たいと思っていたんだけどね……本当に残念ですよ。

――俳優としての活動が注目されていた矢先ですからね。伊東さんは「最後の喜劇役者」とも称されていますが、コメディアンをまっとうされた志村さんに伝えたい言葉があれば伺えますか？

「あんたがいてよかった」と伝えたい。『8時だョ！全員集合』を見て育った子どもたちも、今ではみんな立派な大人ですよ。また普通の舞台と違ってテレビですから、見てる人数が違います。本当にいいことをしてくれたなぁと思いますね。

小松政夫さんじゃないけど、まさに「あんたはエライ！」。スケールが違いますよ。「ぜんぶの責任をオレが負ってやろう」っていう気概があるから安心して見ていられたんだろうなぁ。何かに怯えてやっているようじゃ見ないもの、人は。

「ヒゲダンス」なんて、みんな楽しみにしてたもんね。また、それをちゃんとできるのがすごい。軽く考えてる人がずいぶんいるだろうけど、あそこまでになるのは大変……いや、大変通り越してますよ。私は笑いが一番難しいし、一番上にあるものだと思ってるんです。その代わり、ちょっとしたことで一番下にもなっちゃう。やってみてこんなに難しいものはない。だからこそ、結果が出たらこんなに楽しいものもない。けんちゃんが『志村魂』をやり続けたのは、舞台が一番楽しいし、一番怖いって感じてたからじゃないかな。

舞台は快感であり、哀愁ですよ。けんちゃんには、哀愁が漂っていた気がします。子どもたちがあれだけキャーキャー言う相手が70歳ですよ？　普通なら距離を置かれます。それを巻き込んで笑わせてしまう才能と魅力……要するに志が伝わるんでしょう。まぁこんな人はもう出てこないでしょうね。

## 取材を終えて

伊東さんは、ある意味で志村さんと対極に位置する「喜劇役者」だ。先にも触れている通り、乾いた笑いが好きで、哀愁を感じるキャラクターが好きだった志村さんとはタイプが異なる。また、伊東さんは映画・ドラマ・舞台と幅広く出演しているのに対して、志村さんは基本的にバラエティーを軸に活動した。

そんな2人であるにもかかわらず、共通点が少なくない。志村さんは、ドリフではキーボードやギター、ピンで活動するようになってからは三味線を好んで弾いていた。伊東さんは音楽番組でバイオリンを披露されたこともある。また、どちらも落語や映画が好きで、笑いに対する考え方にも似たところがある。

両者を分けているのは、伊東さんの語っていたそれぞれの〝志〟に尽きるのかもしれない。志村さんは〝志村流〟を極めようとお笑いと向き合い、唯一無二のスタイルを確立した。一方で伊東さんは、柔軟だったからこそ誰もまねできない幅広い活躍へと結びついていったのだと思う。

過去の映像を見ると、2人の掛け合いはとても相性がよく面白い。きっとそれは、「自分は喜劇役者だ」という特別な思いが共鳴していたからだろう。


（初出　withnews　2020年8月13日配信）

［特別インタビュー］

# 志村けんから一喝「わかってないんだよ！」笑福亭笑瓶が見た〝凄み〟

## 笑福亭笑瓶

しょうふくてい・しょうへい●1980年、大阪芸術大学芸術学部文芸学科卒業後、笑福亭鶴瓶に師事し付き人としてタレント修業。修業中にMBSテレビ『突然ガバチョ！』、MBSラジオ『ヤングタウン土曜日』などに出演し、関西で人気を集める。1987年に拠点を東京に移し、日本テレビ『鶴ちゃんのぷっつん5』でウィッキーさん役、フジテレビ『ものまね王座決定戦』でアニメ「魔法使いサリー」のよし子ちゃんのものまねでブレーク。BS‐TBS『噂の！東京マガジン』、読売テレビ『大阪ほんわかテレビ』に出演するなど幅広く活動中。

## 「だっふんだ」は桂枝雀師匠に許可を得ていた?

——最初に志村さんとお会いになったのはいつ頃ですか?

大阪から東京へと拠点を移す過程で、片岡鶴太郎《かたおかつるたろう》さんのレギュラー番組『鶴ちゃんのトッピング』(日本テレビ系列。1985年10月~1986年9月)に出させていただくことになったんですよ。そんな中で、鶴さんに六本木のオシャレなカフェバーに連れて行っていただいて。そこでお酒を飲んでいたら、別で志村師匠が飲みにこられたんです。だから、たまたま遊び場でお会いして、鶴さんから紹介していただいた形ですね。

向こうは東京のお笑いの大スター。そりゃ信じられない感じですよ。小さい頃から『8時だョ!全員集合』も見ていて、当時は『加トちゃんケンちゃんごきげんテレビ』でも活躍されていたわけで。自分がその方の目線の中に入って、お話ししている、話しかけられているっていうのは夢の中みたいな話でしたね。

——上京して間もなくの出来事だったんですね。どんなことをお話しされたんですか?

印象的だったのは、(2代目・桂)枝雀師匠のお話です。志村師匠から「笑瓶さん、大阪の落語家さんでしょ? 僕、枝雀さんが好きでね」ときて。続けて、「枝雀さんの落語の中に出てくるキャラクターが変なしゃべり方するの。それがもう面白くってねぇ。コントに生かせないかと思って。『そのキャラクターを使わせていただいてもいいですか？』って枝雀師匠に直接ご連絡して許しを得たんですよ」とおっしゃってました。

――律義に許可を得ていたんですね！　有名なのは桂枝雀さんの代表的な演目「ちしゃ医者」からヒントを得た「だっふんだ」がありますが、そのことでしょうか？

そこまで確認はしてないんですが（笑）、そうなのかもしれません。「だっふんだ」もそうですけど、枝雀師匠が演じる賢者とボケのうち、ボケの空気感はちょっと似てるところがありますよね。「な、な、なんですか？」ってフレーズとか言い方とかね。だから、きっと相当お好きだったんだろうなと思いますよ。

## 『オレたちひょうきん族』とは別ルートで起用された

――志村さんとの初共演については覚えていらっしゃいますか？

僕の記憶が間違っていなければ、フジテレビの火曜ワイドスペシャルの特番。『志村けんのだいじょうぶだぁ』か『志村けんのバカ殿様』かは定かじゃないんですけど、時代劇モノのコントをやったのは覚えてます。

僕は町人か何かの役で、お侍さんに斬られて道に倒れる。そのときに手元から提灯《ちょうちん》が落ちて燃えるんです。すでに僕は絶命してるはずなんですけれども、提灯の火が手にあたって「熱ッ」とリアクションしてしまうというワンシーン、ワンカットのコント。

これを何テイクか撮るんですけど、一向にOKが出ないんです。気になって「どっか変えたほうがいいですか?」って志村師匠に聞いても、「いや、笑瓶ちゃんがやりたいように好きなようにやって」としか言われない。

僕もいろんなパターンを模索するんだけど、どんどん追い込まれて、ブルーになって、ダークブルーになって、最後は紺色になって(笑)。結局、原因がわからぬまま撮影は終了。百戦錬磨の方だから、きっと何かあったんでしょう。それを聞くのも違うかなと思いましたしね。

なぜオファーをいただいたのか、その経緯まではわかりません。ただ、その後も『志村けんはいかがでしょう』のゲームコーナーだったり、深夜に移ってからの『Shimura-X』シリーズにゲストで出演したり、ちょこちょこ呼んでいただいたんですよね。

——志村さんと共演する中で、どこに一番すごさを感じましたか?

演技力も含まれるんでしょうけど、結果的に言うとキャラクターの面白さですよね。たとえば頬を赤くしたり、お歯黒で歯抜けにしたり、下げ眉毛にしておかしな顔にしたりとかは、大阪時代に僕がやっていたショーヘイ・ショータイム（『突然ガバチョ！』のワンコーナー）でも、ずいぶん使わせていただきました。

加藤茶さんもそうでしょうけど、志村師匠はそういうイメージの大本ですから。そりゃ素人がこの道に入ってキャラをつくろうとしたら、たどり着くのはドリフや志村師匠になりますよ。東京にきて、『オールナイトフジ』（フジテレビ系列）で鶴さんとコントをやったときにも、やっぱりメイクはそんな感じでしたしね。

――キャラクターコントの大本になっていると。大阪と東京とでは、コメディアンや芸人さんに違いがあったりするものですか？

大阪の人は生活と芸にさほどギャップはないんですけど、鶴さんも志村師匠も東京でしょ？　仕事のときと楽屋のテンションがまったく違うんですよ。まずはそこにビビらされるという（笑）。ただ、逆に言うと、「オレが志村けんや！」なんて顔は微塵《みじん》もない。すごく謙虚な方でした。

『志村けんはいかがでしょう』に出させてもらったとき、楽屋挨拶で「おはようございます」っていうのを気に入ってもらったのは覚えてますね。いつも僕の大阪のイントネーションを面白おかしくモノマネしていただいて。ちょっと鼻にかかったようなクセのある言い方で、「おはよぉございまぁす」みたいな感じでね（笑）。ウェルカムな感じで笑ってくれて。そこは楽しんでくれてたかもしれないですね。（明石家）さんまさんや島田《しまだ》紳助《しんすけ》さんが出ていた『オレたちひょうきん族』の状況がある中、僕が別のルートで東京にきたのも大きいかもしれません。志村師匠は大阪に行くこともなかっただろうし、大阪の芸人さんと絡むことも少なかったんじゃないかと思うんです。うちの師匠（笑福亭鶴瓶さん）も、後に正月特番でご一緒してますから、そういうご縁はありましたよね。

## 「女性」「仕事」「お酒」艶っぽいコメディアンだった

——2013年4月にスタートした『志村だヨ！』の撮影現場はどんな雰囲気だったのでしょうか？

共演者が悩んでるなと感じれば「大丈夫？」っていう聞き方はされるんですけど、基本的に志村師匠は何もおっしゃらない。むしろ、「僕や共演者のパフォーマンスを見て笑いたい」っていう状況を期待してるように見えました。受け皿を大きくしていらっしゃる雰囲気がありましたね。

ご自身は百戦錬磨の方ですから、都度修正してオチに持っていきますし。僕の演じた「そば八の店主」についても、「こんなキャラクターでやって欲しい」というようなお話は一切なかったですね。「本人のキャラクターや個性を出して好きなようにやってくれ」っていうような間口の広さがありました。

――番組の収録終わりに必ず志村さんはスタッフさん、共演者さんと飲みに行かれたそうですが、笑瓶さんもよく朝まで付き合っていたんですか？

深夜番組でご一緒させていただく前から飲みのお誘いはあったんですよ。「笑ちゃん今どこ？　飲んでるよ」みたいなご連絡をいただいて、クラブの個室で飲んだりもしてましたから。

ただ、『志村だヨ！』で共演してから驚いたのは、志村師匠が麻布十番にあるガラス張りのガールズバーに通ってたことですよ。志村けんと言ったら大スターじゃないですか。そんな方がガラス張りの路面店で、接客のお姉さんの前に座って飲んでる。最初は僕もビックリして、「師匠いいんですか？　見えてまっせ」とか言ってね。通りを行き交う人が「あれ、志村けんじゃない？」っていうような状況ですから。

なぜ通ってたかって、まぁ大好きな彼女がいたんですよ（笑）。それと、いろんな飲みの席の遊びをたくさん経験されてきた方だからこそ新鮮だったんでしょうね。

——色恋だけではなかったと（笑）。たしかにガールズバーで若者文化を吸収していた部分もあるでしょうからね。

飲んでると、たまにえらいところで怒られるときがあったから、「なんでやろな」って感じたこともあるんです。そんなときに、ある飲みの席で一緒になった女性の方から、「笑瓶ちゃん、けんちゃんはねぇ子どもなの。ずっとこの人、子どもよ」と教えてもらったことがあって。そのときは、「ああ、そうですか」ぐらいだったんですけど、しばらくしてから、「ああ、だからか！」って気付いた瞬間があった。

志村師匠は好きな女性からモテたい人なんです。モテるために面白いことを考えて、いい仕事をしたあとはおいしいお酒を飲む。そして、また「素敵なおじさん」と言われるように頑張る、と。師匠の中で、そういうトライアングルがあったんだろうと思うんです。

真剣に怒っているふうでもあり、「あれ、ギャグかな？」と感じるふうでもあったのは、周りに好きな女性がいて「格好よさを演じてる部分があった」ってことなんですね。それがわかってホッとしたんですよ。自分がしくじってると思ってたけど、そうじゃなかったんだなって。

――「女性」「仕事」「お酒」という循環がモチベーションになっていたんですね。

そのトライアングルの中で、巣箱をいくつも持ってないと新鮮さが保てなかったのかもしれないですね。昭和の藤山寛美先生とか、芸道の中に色気がある歌舞伎役者さんとかと同じですよね。志村師匠は艶っぽいコメディアンだったんだろうと思います。

## 「わかってないんだよ!」と一喝された過去

――飲みの席では芸談も多かったようですが、何か印象に残っているエピソードはありますか?

僕自身に芸談を語るっていうようなことはなかったんです。ただ、舞台『志村魂』の第1回公演の前にあった誕生日会のことは覚えてます。会場は出たり入ったり、けっこう密な状況の中で何人かの精鋭が朝の6~7時ぐらいまで残るんですよ。その中に僕もいたんですけど、『志村魂』を目前に控えた師匠がプレッシャーを感じていらっしゃいましてね。

僕からすれば、あれだけの金字塔をお持ちの方。「なんでそこまで緊張するのかな」と思うわけです。今までテレビの中でしか見られなかった方が、目の前で楽しませてくれる。そりゃバカ殿様が出てきただけで、誰もが幸せを感じますよ。ワァ〜！って拍手とともに迎えられる画しか浮かばなかったんです。

それでまぁ僕が幼いというか、軽率な人間なんでしょうね。「師匠、ぜんぜん大丈夫ですよ！　誰もがチケット買って楽しみにしてます。師匠のバカ殿様を見たいと思ってきてはると思うんです。僕のイメージでは拍手喝采が浮かびますよ」と言ってしまった。僕の勝手な見方ですけど、師匠に安心してもらおうと、ついね。するると師匠から一言、「笑瓶ちゃんさ、わかってないんだよ！」と怒られてしまって。リハーサルもされていて、もうレベルはその域に達しているわけじゃないですか。だから、なんの心配もなく初日を迎えられると、僕の中では思って出た言葉だったんですけど、「余計なこと言っちゃったな」と反省しました。

やっぱり師匠にとっては大切な瞬間。「お客さんに本当に楽しんで帰ってもらうにはどうしたらいいか」と自分を追い込んでいらっしゃったんですよ。そこで言ってしまったんですよね。

――とことん自分を追い込む性格だったんですね。そこまでコントに強いこだわりを持つ志村さんが、なぜ朝ドラの『エール』に役者として出演されたと思いますか？

20年ぐらい前の誕生会で、けっこう酔った志村師匠があるタレントさんに「お前さ、お笑いでしょ？　ドラマはいいんじゃないの」っていう話をしてたのが印象的でね。それ聞いて「格好ええな」と思ったのよ。その場にいるほとんどが人を笑わせることを生業にしてる。だったらそれを大切にしようよって言葉ですよね。お酒が入ってるから叱ってるようにも見えたけど、言ってることは間違ってないし、お笑い一筋で格好ええなと思って。

そんな方が役者としてドラマに出るというのは、年齢も関係してる気がしますね。70歳に差し掛かるタイミングでの出演ですから。年齢を重ねると、若いときのような身の動きができないでしょ。笑いとしての武器が衰退してしまうんですよ。そこで、トークでいくのか、おじさんキャラでいくのか、どんなふうに自分を見せていくのかって壁が立ちはだかる。

それと僕なんか今は白髪でしょ。昔と同じようにやっても、白髪だけで笑いがとれなくなる。つまり、やってる本人はよくても、周りが「かわいそう」と思ってしまう壁も出てくるわけです。落語家の名人芸や杉兵助《すぎへいすけ》師匠のように、老いが味になるってことはありますけど、普通に考えてバラエティーで活躍するのは難しい。第一線でお笑いやるのって、よっぽどのことなんです。

そう考えると、志村師匠は一定の年齢に達してからも、役者という才能があったわけで。そこはうらやましいところです。まぁ高倉健さんから直々に映画のお誘いを受けるような方ですからね。そりゃ役者としてもすごいですよ。

## 志村師匠はコメディアンの金字塔

――最後に志村さんとお会いになったのはいつごろになりますか？

今年（2020年）の2月22日に誕生日会があって、それに行こうとして行けずじまいだったんです。しかも、今年の古希を最後に、誕生日会をやめると。個人的には「年とったほうが面白いのになぁ」と思ったんですけどね……。行けなくて本当に残念でした。

だから、最後にお会いしたのは、2年前に放送された正月特番『浜田雅功と志村けんが遂に対決！新春！運芸会』（読売テレビ制作・日本テレビ系列）になりますね。若手が多数出ている中で、志村師匠のチームと浜ちゃんチームが対決する番組。僕は浜ちゃんチームで参加してました。

志村師匠が何かをしくじったタイミングで、浜ちゃんから「(笑瓶)兄やん、書きなはれ」と言われて僕が師匠の顔に墨を塗ろうとするんですけど、できなくてね。師匠がグーッと僕をにらみつけてくる中、結局、その眼力に負けて自分の顔を墨まみれにしたっていう（笑）。ただ、番組では僕より師匠のほうが体を張ってましたよ。第7世代の若手とも絡んでましたからね。

——今考えると、晩年まで本当にお元気でしたよね。残念ながら志村さんは亡くなってしまわれましたが、届くなら伝えたい思いなどありますか？

まだちょっと「亡くなった」っていうことを信じ切れていないのよ。なんか、だまされているような感じというか。もう少し時が経てば「亡くなってはんねんなぁ」と、ひしひしと感じるときはくるんでしょうけど。ただ、まだ「うそでしょ」って思いたい。自分の心の中ではそういうことにしています。

人が亡くなると「あの世に逝く」と言われてるけど、この世とあの世を区別しなければ会えるでしょ。この世ではもう会えないけど、あの世では会える。みんな最終的にはあの世に逝くしね。そう考えるとちょっと気が楽かなと思う。2015年に僕も大動脈解離っていう病気で死にかけたし、この年齢だから思うことかもしれませんけどね。

志村師匠には素晴らしい人生を垣間見させてもらいました。また、同じ次元でお仕事をさせてもらえて、同じ空気を吸わせてもらえて幸せでした。師匠がつくる笑いってね、本当に繊細なんです。ちょっとしたことで通じなかったり、ちょっとしたことで大爆笑をとったりもする。師匠のキャラがすごい年月持つのは、繊細かつ巧妙につくっているからですよ。古典落語のキャラと同じ。演者の力が試される。だから、また一巡して「バカ殿様をやりたい」って若手が出てきたりするかもしれない。それくらい長年ずっと持ちこたえられる笑いをつくったということです。あとにも先にも、「志村けん」はただ一人。コメディアンの金字塔ですよ。

## 取材を終えて

笑瓶さんは本当に人柄がいい。どんなにひどい仕打ちにあっても、ガハハハッと笑って周りを和ませる。師匠の鶴瓶さんと同じく、その人懐っこさは天性のものがある。志村さんが笑瓶さんを番組のレギュラーに起用したのは、その〝ホッコリ感〟がホームコメディーにぴったりだと感じたからだろう。

『志村だヨ！』および『志村笑！』は、２０１３年４月～２０１４年３月まで放送されていた。その後、程なくＮＨＫの『となりのシムラ』がスタートしている。この流れを考えても、志村さんは笑瓶さんと共演した時期に、改めてホームコメディーの面白さを追求していたのだと思う。

とくに『となりのシムラ』は、志村さんが「メイクなし」「カツラなし」で等身大の中年男性を演じるコント番組だ。「年相応でいいじゃないか」と志村さんに思わせたのは、もしかすると笑瓶さんかもしれない。そう感じてしまうほど、笑瓶さんの飾らない魅力は圧倒的なのだ。

（初出　ｗｉｔｈｎｅｗｓ、２０２０年11月12日配信）

［第4章］

# それでもコントにこだわった理由

「コメディアン・志村けん」を語るうえで欠かせないのが、「なぜトーク中心のバラエティーに顔を見せるようになったのか」「なぜコントにこだわり続けたのか」という点である。「お笑い第3世代」と呼ばれる若手芸人がゴールデン帯を席巻し、1996年秋に志村の番組は深夜帯の関東ローカルへと移った。「志村けん死亡説」が世間で広まったのもこの頃だ。

翌年、志村はコント番組以外のバラエティーに出演し始める。一体そこにはどんな理由があったのか。ここでは、その起点となったであろう芸人、マネジャー、スタッフを紹介する。また、「タレント・志村けん」が誕生したことで、その後に与えた影響についても考えてみたい。

## 志村が許した浜田雅功のツッコミ

「タレント・志村けん」の片鱗が初めて垣間見えたのが、1993年に放送された『ダウンタウンのごっつええ感じ』（フジテレビ系列）のコーナー「おかんとマー君がゆく」だ。初期の頃は、母親（おかん）役の松本人志《まつもとひとし》と息子（マー君）役の浜田雅功《はまだまさとし》が、関西人らしい親子の会話の妙で笑わせるコントだった。そのスピンオフ企画の一つとして、志村の楽屋を訪問するコーナーが放送されたのだ。

内容は、おかんが「志村さんに弟子入りさせてもらおう」と、マー君を連れて本人に会いにいくというもの。最初は、怪訝そうな表情をしていた志村だったが、２人の達者な話術に乗せられ、最終的には「ヒゲダンス」「変なおじさん」を愛嬌たっぷりに披露している。また、浜田がそんな志村の頭にツッコミを入れた初めての瞬間でもあった。

志村もこの収録が楽しかったのだろう。翌94年、今度は『志村けんはいかがでしょう』のワンコーナーでダウンタウンの楽屋を訪れている。わさびのきいた寿司をフックにちょっとしたトークをしたあと、「漫才が見たいなぁ〜」と志村が甘えた声を出す。これを受けて、久しぶりにダウンタウンの２人がネタ（「誘拐」）を見せるという内容だった。年齢や芸風の違いこそあるものの、お互いへのリスペクトと緊張感が漂う放送回だったのを今でも思い出す。

当時、志村はコント番組にこだわっており、ドリフや自分の番組以外に出演していなかった。しかし、ダウンタウンだけは相性のよさを感じたのかもしれない。97年10月に浜田が初めてピンのレギュラー番組『人気者でいこう！』（朝日放送）をスタートさせると、志村もこれに〝バカ殿に扮装した姿〟で顔を見せた。

当時、志村の付き人をしていた乾《かわ》き亭《てい》げそ太郎《たろう》は、「（志村がバラエティーに顔を見せ始めたのは）ダウンタウン・浜田（雅功）さんの番組に出た時に楽しかったのもあるかもしれないですね」「最初は素で出るのが恥ずかしかったので、キャラクターの扮装をしていたんですよ（笑）。

実際の現場でも、志村さんはすごく楽しそうでした」と語っている。[*1]

また、『志村けんはいかがでしょう』で実際に共演の場に立ち会い、志村のコント番組で長らくカメラマンを務めた藤江雅和は、「志村さんを叩けるのは、浜ちゃんしかいないでしょ(笑)。『バカ殿』でも、ダウンタウンの2人とはゴルフ対決をやってましたよね。ものすごいです。浜ちゃんのツッコミを志村さんが許していたんでしょうね。相手のキャラクターもちゃんと大事にしてあげるっていう。みんなイエスマンじゃ面白くないですもんね」と、彼らの特別な関係性について言及している。

その後、『ダウンタウンDX』や『浜ちゃんと！』（ともに読売テレビ制作・日本テレビ系列）、『芸能人格付けチェック』（朝日放送テレビ制作・テレビ朝日系列）など、志村が浜田およびダウンタウンの番組にたびたび出演しているのは周知の通りだ。

志村は、コントの中で「間とタイミング」「リアクション」を重要視していた。多くのコント番組で共演したダチョウ倶楽部・上島竜兵は、志村からこんなことを聞いたという。

「コントでもなんでも、『リアクションがすべてだから』っていうのは言ってたな。お前がいつもやってるのとコントのリアクションとは違うけど、突き詰めたら同じになる。だから、リアクションがうまいヤツは、コントもちゃんとやるってね」

トーク中心のバラエティーでは、浜田がタイミングよくつっこみ、志村が絶妙なリアクションを見せることで見る者を笑わせた。コントとは違うフィールドで、全幅の信頼を寄せられる唯一の存在が浜田だったのかもしれない。

相方である松本は、１９９４年に出版した著書『遺書』（朝日新聞社）の中で、「オレはドラマも出ないし、歌も出さない。お笑い一本で勝負する。そのお手本がこのオッサンである」と志村に対する尊敬の念を綴っている。世間が改めて志村に注目したのは、この影響も大きいはずだ。

いずれにしろ、浜田およびダウンタウンの存在によって、志村が多くのバラエティーに登場する足掛かりとなったのは間違いないだろう。

## アイ〜ンを流行らせた岡村隆史

志村が珍しく「自分の後継者」を口にしたことがある。それがナインティナイン・岡村隆史《おかむらたかし》だ。

２００９年２月９日に放送された日本テレビ系列の『しゃべくり００７ 大物ゲストもう呼ばないで2時間ＳＰ』の中で、ゲストの志村が「2代目志村けんは？」と問われて「オレのことを昔から好きだし、『アイ〜ン』を流行らしたし、すごい真似するのうまいし……岡村（隆史）かな」と答えた。

02年に放送された特番『爆笑問題&ナイナイの誰か司会をして下さいＳＰ‼』に志村がゲスト出演した際にも同じような質問を受けて、「動きで笑いがとれるから、岡村かな」という趣旨の発言があったのを私は記憶している。やはり、志村の中で岡村の存在は大きかったのだろう。

岡村は、一時期持ちギャグかのようにテレビで「アイ〜ン」をやっていた。志村とダウンタウンが共演したあとの１９９５年〜96年頃だったと記憶する。とはいえ、そもそも志村には「ダウ〜ン」というギャグはあっても、「アイ〜ン」というギャグはなかった。

この件について、２０２０年４月４日に放送された『特盛！よしもと 今田《いまだ》・八光《はちみつ》のおしゃべりジャングル』（読売テレビ）に出演したお笑いコンビ・ＦＵＪＩＷＡＲＡの２人が内情を明かしている。

藤本敏史《ふじもととしふみ》が「〝アイーン〟は、木村《きむら》（バッファロー吾郎Ａ《ごろうエー》）と原西《はらにし》（孝幸《たかゆき》）が勝手に擬音をつけていたんです」と語ると、当事者の原西孝幸は「どっちが言ったかは覚えてないです」と補足。続けて「〝モイ～ン〟とか〝モヤ～ン〟とか、めちゃくちゃやってる中の一個に〝アイ～ン〟があったんです」「それを岡村が覚えていたんですよ」と回想している。

つまり、吉本興業の芸人同士のじゃれ合いから生まれ、それを記憶していた岡村が志村に伝えたことで「アイ～ン」は生まれたのだ。ちなみに、「アイ～ン」の顔のヒントは、芸者遊びで見た女性がヒントになっている。

「むかーし芸者さん遊びに社長に連れていってもらったことがあって。ごほうびだっつって。そんときに、こういう顔の方がいたんですよ。（中略）こう、すごい高島田つけて、和服着て『アイ～ン』の顔で『いらっしゃいませ』ってやるんですよ」[*2]

ナインティナインの番組に志村がゲスト出演した際、あまりに岡村が「アイ～ン」をやり続けるため苦笑いしていたのをよく覚えている。とはいえ、岡村によって知れ渡った「アイ～ン」の効果は絶大で、志村がひとたび披露すると、スタジオの共演者や観覧客は手を叩いて爆笑した。これに安心したのか、志村はそれまで同じ画に収まることのなかったタレントとの共演を増やしていく。

97年9月に放送された『ビートたけしのD－1グランプリ』（テレビ朝日系列）にゲスト審査員

として志村が登場すると、今度は翌98年の『志村けんのバカ殿様』にビートたけしが顔を見せるなど共演する機会が増えていった。また、同年からは笑福亭鶴瓶との正月特番『志村&鶴瓶のあぶない交遊録』(同前)がスタート。2001年からナインティナインを加えて始まった〝元祖英語禁止ボウリング〟は、毎年正月の恒例コーナーとなった。

バラエティーで活躍し始めた頃の岡村は、志村のコントを参考にして〝動きの笑い〟に重点を置いていた。志村は、そんな岡村に愛着が湧いたのかもしれない。もしくは、小柄な岡村が自身の「バカ殿2世」に映ったのだろうか。

## 教えを受け継ぐダチョウ倶楽部

1997年、志村は「第6回 東京スポーツ映画大賞」の特別賞を受賞している。同賞の審査委員長は、長らく視聴率競争のライバル関係にあったビートたけしだ。もともと親交のあった2人だが、バラエティーで共演する架け橋となったのは、ダチョウ倶楽部の3人だったように思えてならない。

私が直接インタビューした中で、たけし本人がこんなことを語っている。

「（『志村けんのバカ殿様』に出る前に）当時よく二人で飲みに行ってたんだよね。西麻布が多かったけど、シガーバーみたいなトコで葉巻を二人で吸ったりして。そこで、オレが『バカ殿』はダチョウ（倶楽部）使ったりして面白いね』なんて言ったら、『出る？』『いいの？』って軽い感じで出ることになったんだよ[*3]」

ダチョウ倶楽部は、とんねるず、ダウンタウン、ウッチャンナンチャンとともに1980年代後半に起きた「お笑い第3世代」ブームでブレークした芸人トリオだ。彼らは、たけしが司会を務める番組『スーパージョッキー』や『ビートたけしのお笑いウルトラクイズ』（ともに日本テレビ系列）で体を張った企画に挑戦し、たけし軍団や出川哲朗らとともに〝リアクション芸人〟と呼ばれる独自のスタイルを確立させた。

その一方で、志村に通じるところも多い。もともと上島竜兵、寺門ジモンは、劇団テアトル・エコーの養成所に通う役者志望だ。また、肥後克広は東京・浅草出身のコメディアン・杉兵助に師事し、お笑いの世界に入っている。トリオの駆け出し時代は、横山やすしが司会を務めるテレビ朝日系列の『ザ・テレビ演芸』やNHKのお笑い番組などにも出演し、作り込んだコントも披露している。つまり、当時からコメディアンとしての素地があったのだ。

もう一つ共通するのが、職人気質の芸人という点だ。「ヤー!」「聞いてないよォ」「ムッシュムラムラ」など、90年代に一世を風靡した彼らのギャグは数多い。それだけに「数撃てば当たる」の要領でつくったと勘ぐってしまうが、実は毎年打ち合わせを行って「今年はこれでいく」と決め打ちで流行らせていた。生み出したパターンやギャグを安売りせず、〝芸〟として昇華するところにも志村と似たものを感じてならない。

志村とは、親交のあったプロレスラーの川田利明を介して出会っている。その後間もなく1997年1月に放送された『志村けんのバカ殿様』に出演。以降も、98年12月放送の『加トけん・たけしの世紀末スペシャル!!』(フジテレビ系列)、99年4月から約1年間放送された『神出鬼没!タケシムケン』(テレビ朝日系列)など、志村とたけしが共演する番組で顔を見せている。

また上島と肥後は深夜バラエティー『変なおじさんTV』『志村流』『志村塾』、志村運送物語が始まった『志村通』(「運送会社」のフォーマットは「だんご屋」「ラーメン屋」と装いを変え、後続の『志村けんのだいじょうぶだぁII』『志村屋です。』『志村軒』でも引き継がれている)、ショートコントと観光地のロケを中心とした『志村劇場』と立て続けに共演。その後も『志村座』『志村の夜』(いずれもフジテレビ系列)で息の合ったコントを見せている。

寺門を含めたトリオでは、『志村けんのバカ殿様』、単発スペシャル版の『志村けんのだいじょうぶだぁ』(ともに同前)、『集まれ!ナンデモ笑学校』(テレビ東京系列)といったコント番組で共演し、2006年から2019年まで行われた舞台『志村魂』の全公演に参加している。2000年代の志村を語るうえで、3人の存在は欠かせないものとなった。

志村は、演者としての肥後を高く評価していた。「変なおじさん」「ひとみばあさん」「デシ男」といった名物キャラクターを相手に、肥後は主にツッコミ役を担った。常識をなぞる役目は、笑いの導火線とも言える重要な役回りだ。しかし肥後は、そんなプレッシャーを物ともせず軽やかに演じた。

この点について『志村魂』の総合演出を務めたラサール石井は、「肥後は常に新鮮にやる人だからね。肥後のツッコミは、志村さんが全幅の信頼を置いてるんですよ。一番やりやすいってね」と語り、また、『だいじょうぶだぁ』など数々のコント番組でカメラマンを務めた藤江雅和は、「肥後さんは何を与えられてもソツなくこなせる。志村さんから信頼されていましたよね」と明かしている。

イジられ役として定着していたのが上島だ。多くのコントで、志村が上島を追い込んで笑いを誘うシーンが見られる。ある意味で一番期待されていたのかもしれない。

前出の藤江は、「竜ちゃんは、イジられ役。でも、それにめげないでついていって『できないから面白い』っていうのはあると思うんですよ。言われて直して、できちゃったら面白くない。そこを志村さんがうまい具合に生かしてるなと思いましたね」と語っている。
上島本人は、志村との共演をプレッシャーに感じることもあったようだ。深夜帯のコント番組で共演し始めた頃を回想し、「とくに大変だったのは、コントで志村さんの相方、要は加藤（茶）さんの役割を任されたときね。加藤さん以上のことは当然できないし、ちょっと荷が重いなぁって思ったな。よく怒られましたもん、『あのリアクション違うんだよな〜』とか『あれ加藤さんだったらこうやってたな』とかね。すごく勉強になりましたけどね」と語っている。
同じく寺門も、舞台『志村魂』の稽古で志村から厳しい指摘を受けたことがあったという。

「侍が村を歩いていて切られる場面でも、ちょっとふざけたことすると『お前がなんでそんなことするんだ。余計なことせずに、普通に歩いていて切られなさい』って真剣に怒られた。けど、若手芸人ってコントの現場でハジけなかったら、『お前、前に出なかったな』って怒られるじゃないですか。それもあって、何かしようって思っちゃったんですよね。『前に出ない大切さもあるんだ』ってことに気づかせてくれたのが志村さんでしたね」

ダチョウ倶楽部は、2019年から『細川たかし特別公演&ダチョウ倶楽部一座旗揚げ公演』をスタートさせている。第1部では志村との名コンビで一時代を築いた加藤茶らとともに「西遊記」を演じ、第2部では細川たかしが歌謡ショーを披露する歌あり笑いありの舞台だ。志村からの教えは、この舞台で生かされているに違いない。

酒が大好きで公私ともに親しかった上島は、ラジオ番組でも志村と長らく共演している。1999年10月から『志村けんのＦＩＲＳＴ ＳＴＡＧＥ――はじめの一歩』（ＪＦＮ系列・2012年9月終了）、2012年11月から『志村けんの夜の虫』（ＴＢＳラジオ・2014年3月終了）と、約13年間に渡ってほとんど毎週顔を突き合わせた。この事実からも、いかに志村が上島を信頼していたかが垣間見える。

酔っ払いコントが好きだった志村は、〝リアクション〟の面白さを大切にしていた。だからこそ、〝リアクション芸人〟として注目を浴びた上島には、ひと際愛情を注いだのかもしれない。

いずれにしろ、ダチョウ倶楽部の存在によって、志村を慕う若手が増えていったのは間違いないだろう。とくに『志村友達』（フジテレビ系列）でＭＣを務める千鳥《ちどり》・大悟《だいご》は、晩年近くになって急速に親交を深めた象徴的な存在と言える。

そのほか、『ＤＡＩＳＵＫＩ！』（日本テレビ系列）など数多くのバラエティーで共演し、2000年から誕生日会の幹事を務めている中山秀征《なかやまひでゆき》をはじめ、タレント・志村けんを後押しした者は何人もいるはずだ。ここでは、主だった芸人についてのみ紹介させてもらった。特段の他意はないことをご理解いただきたい。

## マネジャーとの闘い

ある時期まで、「コント職人」「トーク中心のバラエティーには出ない」というイメージが強かった志村。そんな事実も相まって、冠番組がゴールデン帯から関東ローカルの深夜帯へと移った1996年秋に「志村死亡説」が流れたこともある。最初の段階では、恐らく子どもたちが「最近、テレビで志村けんを見かけない」と話題になったのだろう。

しかし、単なる噂話は全国レベルにまで発展した。「栃木県の県立がんセンターで亡くなった」など、妙にリアルな情報がまことしやかに語られたからだ。1994年から約7年にわたって志村の付き人を務めた乾き亭げそ太郎の著書『我が師・志村けん――僕が「笑いの王様」から学んだこと』(集英社インターナショナル)によると、その内実はこうだ。

深夜帯の番組がスタートする少し前から志村のスケジュールに余裕ができた。宇都宮のゴルフ場に行く機会が増え、よくリムジンが停まっていたことで、周辺の住民には「志村がよくきている」と知られるようになる。その近くに栃木県立がんセンターがあり、「がんセンターにきているらしい」と尾ひれがつき、雪だるま式に「死亡」まで発展してしまったという。

番組が深夜帯に移り、そんな噂が流れても志村はまったく動じなかった。前出のげそ太郎はこう当時を振り返る。

「僕が見ている限り、アタフタしている感じはまったくなかった。普段通りお酒を飲んで、普段通りゴルフに行って（笑）、本当に変わらずでした。プライベートのことは、他人にどう思われようが関係ない。『独身だし、別に何やってもいいだろ』っていうようなスタンスでしたね[*4]」

とはいえ、志村はこの翌年からドリフや自分の番組以外にも顔を出すようになった。この変化について、げそ太郎は「当時のマネジャーさんの力も大きい」と話す。この頃、志村のマネジャーを務めていたのはK氏だった。『志村けんはいかがでしょう』の終了後（1995年末）あたりから2011年頃まで担当していたという。具体的にはどんな影響をもたらしたのか。

「『旅番組に出よう』とか『本を出そう』みたいな働きかけをして、その部分で志村さんと闘っていたのは間違いないですね。もともと志村さんはコントだけやりたい人だから嫌がっていましたし。

だから、最初は『ほかの番組に出る時はメイクをする』っていうのが志村さんとマネジャーさんの妥協案だったと思うんですよ。それにプラスして、最初の頃はひとりでは出ていない。1997年のお正月に出演した『さんまのまんま』（関西テレビ制作・フジテレビ系列）にしても、桑野（信義）さんと『バカ殿』の衣装で出ていますから」[*5]

1997年からトーク中心のバラエティーに少しずつ出演するようになった裏には、志村とマネジャー・K氏との闘いがあった。その後、時間を掛けて不安要素が取り除かれていき、やがてひとりや素の姿でも顔を見せるようになったのだ。

好きなコントを続けるには、知名度をキープさせなければならない。志村もどこかでそう感じていたはずだ。

志村自身、著書『志村流』の中で「本当は、お笑い一本でいきたいところだけど、こんなご時世だから、あまり我がままも言っていられない。だから、バラエティものやトーク番組にも出るけど、志村けんのイメージを損なわず、自分の味を出せるような番組を選ぶように心がけている」と書いている。

「こんなご時世」とはコント番組が減少したことを指すのだろう。志村が多くのバラエティー番組に顔を見せ始めたのは、タレント・志村けんの人気を獲得したかったわけではない。すべてはコントを継続したいという一心だったのだ。

## 『志村どうぶつ園』で素を見せた理由

とはいえ、2004年4月から『天才!志村どうぶつ園』をスタートさせたのは意外だった。それまで単発でトークバラエティーに顔を出すことはあったが、本格的に毎週レギュラーを務めた番組はない。1999年4月から約1年間、ビートたけしと『神出鬼没!タケシムケン』で共演しているが、コントを含むお笑い番組という前提がある。『志村どうぶつ園』は、動物バラエティーであり、それまでとはまったく毛色が違う番組だったのだ。

そもそもなぜこの番組が企画されたのか。同番組の企画提案・総合演出を務め、2020年8月22日に放送された『24時間テレビ 愛は地球を救う43』（日本テレビ系列）内のドラマ「誰も知らない志村けん 残してくれた最後のメッセージ」の主人公のモデルともいわれる清水星人は、当時をこう振り返る。

「リアルな話でいくと、僕はテレビ局に中途で入ったので、2000年前後の番組をほとんど見ていなかったんです。だから、よくあるテレビ局員の『この人と番組をつくりたい』っていうのが、少年時代に見ていた『全員集合』の大スター・志村さんだった。当時、そもそも『動物番組をやりたい』と思っていたところに志村さんが重なって、CP（チーフプロデューサー）からも『可能性あるぞ』と応援の声ももらえたことで、ダメ元でひとまず特番の企画を先方の事務所にあててみたという感じですね。たぶん、すぐに返事はこなかったと思います。ただ、志村さんがワンちゃんを飼ってるのは知ってたから、『可能性はあるかもしれない』ってぐらいです。本当に無我夢中な感じでしたよ」

2003年10月、志村がこの提案を受け入れ、『志村どうぶつ園』のパイロット版として『志村けんの爆笑動物園』が放送されている。驚くべきは、この番組の中で「自宅のペットと触れ合う志村の自撮り映像」が流れたことだ。それまで素を見せたがらなかった志村が、入浴シーン、ペットとともに就寝するシーンまで撮影していたのは衝撃的だった。

「なぜあそこまで撮ってくれたのか……。いまだにわかりません。恐らく事務所の方も驚いていたと思います。けど、蓋を開けてみたらすごい回してくれていて本当にビックリしました。お仕事をご一緒してから気付いたんですけど、志村さんって自宅にほとんど人を入れない方なんですよ。あとにも先にもあれだけじゃないかな、あそこまで志村さんの素を映した映像は」（清水）

番組は好評を博し、翌年4月からレギュラーで『志村どうぶつ園』の放送が開始する。「誰も知らない志村けん」でも触れられているが、志村がこの番組を受け入れたのは本当に父親が関係しているのだろうか。清水が続ける。

「志村さんがはっきりとおっしゃったわけじゃないですし、あくまでも推測です。志村さんってお母さんの話は大事にされていたからよく出たんですけど、酔っ払ったときに珍しくお父さんが厳しかった話を僕にしたことがあって。それが愛憎が入り混じってるっていうか。いかりやさんのことをしゃべるときと似てたんですよね、話す空気感が。そのお二人が絡んでいたのかもしれないっていうのが、すごくありました。志村さんはすごく寂しがり屋な人で、『子どもほしい』ってよく言ってたんです。そういう中で番組の演者もそうですし、スタッフもそうですし、本当にある種子どものようにかわいがってくれた。だから、志村さんの中で〝父親〟ってポジションが番組を通して重なっていたのかなとは思いますね」

『志村どうぶつ園』がスタートする直前の2004年3月20日、ドリフターズのリーダー・いかりや長介が亡くなっている。志村の父親は54歳で亡くなっており、志村が番組をスタートしたのも同じ年齢だった。真相は誰にもわからないが、それまでのキャリア、年齢的な部分で〝父親的な役割〟を意識し始めたのは間違いないだろう。とはいえ、意外なのは志村自身が素を見せることに前向きだったことだ。

「ロケで熊本に行ったとき、志村さんから『素のオレを撮れ』っていうのは言われました。とはいえ、こちらも緊張しますよね。番組を始めたときは、『コントしかやらない』っていう業界の定説が刷り込まれていたし、志村さんの本（『志村流』）を読んでも『素を出さない』と書いてあったから、それは探りさぐりですよ。『泣いてる顔を使っていいですか？』みたいなお伺いを立ててみて、志村さんから『おう』って返ってきたりとか。本当にそういう感じで、恐るおそる進めていきました。ただ、ご本人はこれまでのイメージがあるからこそなんでしょうけど、素を出す気満々だったんです。それも、年齢からくる『父親になりたい』って本能みたいなものが働いていたのかなって思います。『若い人たちを育てていこう』『かわいがっていこう』って気持ちを強く感じていたので」（清水）

# 「パンくん今何してるかなあ」

志村が最優先したのは動物たちだった。無理に笑いどころをつくらず、なるべくありのままを撮る。素の姿でテレビ出演したのは、この点も大きいかもしれない。コント番組と動物番組では、志村の向き合い方がまるで違っていたはずと清水は語る。

「志村さんが何度も言ってたのは、『この番組の主人公は動物だ』ってことです。動物は台本なんてわからないから、素でやっていきたいと。志村さんってコント番組ではめちゃめちゃ台本を練るらしいんですけど、僕たちの作った台本は当日まで読まない。本番の30分前に読んでやるんです。それとスタジオでは、志村さんや俳優さん、大御所のタレントさんが出てるから、カメラがワサワサッって動くんですね。それを見た志村さんが『動物が緊張するから人数減らせないか』って言うこともありました。だから、動物の側に軸があるんだってことを、最後まですっと言い続けてた感じはしますよね」

キャラクターに入らない「タレント・志村けん」の魅力はどんなところにあったのか。番組で17年間をともにした清水は、目を細めてこう語った。

「あれだけ大物でありながら、すごく普通の人ってところですかね。飲みに行ってもタレント席に行かないし、みんなと同じ庶民的なものを食べるし、すごくいいものを食べたときはすごく嬉しそうに自慢するし（笑）。僕が言うのはおこがましいですけど、本当に子どもみたいな方なんですよ。すっごく寂しがり屋でよく泣きますしね。保護犬の企画をやったときにも泣くし、収録後の飲みの席で『パンくん今何してるかなぁ。今もう寝ちゃったかなぁ』とか言いながら目に涙がたまってたりするし。番組の犬を連れた散歩企画で全国各地の一般の方と絡んでましたけど、ご本人はそんなふうに普通の感じで接していって、当然のことながら向こうは『あ、志村けんだ！』と反応する。そのギャップが面白いんです。シャイで、慎重で、普通のおじさんっていう。逆に言えば、普通って一番難しいじゃないですか。ピュアで新鮮な感覚をずっと持ち続けるわけですから」

コントとは別に、うそ偽りのない「素の面白さ」があるという意味で、『加トちゃんケンちゃんごきげんテレビ』の「おもしろビデオコーナー」にも重なるところがある。素の志村自身を番組に落とし込み、大好きな動物と向き合うことに新たなやり甲斐を見出していたのかもしれない。

## 志村流を引き継いだ意外な存在

志村がアイドルグループに与えた影響も大きい。お笑い芸人は、ピン、コンビ、トリオのいずれかで活動するのが一般的だ。一方でアイドルグループは、４人以上で結成されるケースが多い。とくに国民的スターであるＳＭＡＰや嵐はドリフと同じ５人。偶然とは思えない一致である。

１９９２年～１９９５年まで放送されていた『夢がＭＯＲＩ ＭＯＲＩ』（フジテレビ系列）のプロデューサー・佐藤義和《さとうよしかず》は、ジャニーズ事務所のジャニー喜多川《きたがわ》社長から「ＳＭＡＰを平成のクレージーキャッツにしたいので、笑いを教えてほしい」と伝えられたという。*6 とはいえ、世代的に考えてもメンバーの頭の中に浮かんだのは、その文脈を受け継いだドリフだったに違いない。

ＳＭＡＰはバラエティーの世界で実績を残した初めてのアイドルグループだ。その裏には、アイドルとして幸先のよいスタートとは言い難い現実があった。結成して3年後、シングル曲『Can't Stop!! -LOVING-』でメジャーデビューを果たすもオリコン週間チャートでは2位。セールスも15万枚に留まり、ジャニーズ事務所始まって以来の最低の記録となってしまう。当時、音楽番組が軒並み終了し、プロモーションの場を失った影響も大きいだろう。

しかし、これをきっかけにバラエティー路線に切り替えたのが功を奏した。メンバーの森且《もりかつ》行《ゆき》が脱退して5人に固定すると、リーダーで仕切り役の中居正広《なかいまさひろ》、スター性のある木村拓哉《きむらたくや》、文化系でミステリアスな稲垣吾郎《いながきごろう》、庶民的で親しみのある草彅剛《くさなぎつよし》、末っ子気質で自由奔放な香《か》取慎吾《とりしんご》というキャラクターが定着し、28年間支持される特別な存在となった。

いかりや長介は、まさにメンバーの役割を決め、その位置関係によってドリフならではの魅力を持続させていた。自著『だめだこりゃ』の中でこんなことを書いている。

「ドリフの笑いの成功は、ギャグが独創的であったわけでもなんでもなくて、このメンバーの位置関係を作ったことにあるとおもう。もし、この位置関係がなければ、早々にネタ切れになっていただろう」

コントだけでなく、すべてのエンターテイメントの柱はキャラクターだ。そしてドラマにしろアイドルグループにしろ、持続させるには人物の関係性こそが肝になる。SMAPの存続が長期化した裏には、いかりやが指摘する〝位置関係〟があり、志村もまた、それを重要視していた。

女性アイドルグループ・ももいろクローバーZは、固定メンバーが5人（現在は4人）の頃に嵐、ドリフターズのような長期的な活動を目指したいと語っている。このことからも、アイドルグループへの影響は多分にあったはずだ。そしてまた、「志村が第一線で活躍し続けている」という事実があったからこそ、若い世代がドリフターズの名前を挙げるに至ったのだと思う。

ただ、ドリフおよび志村のコントづくりを今の芸人が引き継ぐには、やはり難しいところがある。第一に、リアルなセットを組んで見せようというコント番組がほとんどない。さらには殺陣や立ち回りなどの基本を習得し、動きで笑わせるには相当な技術がいる。

志村の生前は気にも留めなかったが、2020年のテレビでそんなことをやり続けているタレントは一人もいなくなっていた。志村はクレージーキャッツから続く音楽ネタを継承しつつ、海外の喜劇映画、東西の人情喜劇を体現し続けた最後のコメディアンだったと言えるだろう。

## マンネリこそ偉大である

これまでに数多くのコント番組が放送されてきた。ほとんどの場合で、そこには新たなスターが登場し、時代を感じさせるギャグやフレーズを生み出す。だからこそ、少し時間が経てば「古いもの」という扱いを受けるのが常だった。

そんなテレビ界の中で、志村は生涯にわたってコント番組を継続した。『8時だョ!全員集合』の途中から参加し、深夜バラエティー『志村でナイト』まで一度も番組が途切れていないことに感服してしまう。恐らくそんなタレントはテレビ創成期の頃から一人もいないだろう。別の視点から考えれば、志村自身が「タレント・志村けん」を受け入れたことで、この快挙を成し遂げられたとも言える。

とはいえ、毎週のようにコントをつくるのは並大抵のことではない。学校の教室、一軒家、商店街など同じような設定で繰り返し演じていたため、『全員集合』の頃から「ドリフのコントは〝マンネリ〟だ」と言われることもあった。しかし志村は、〝マンネリ〟という言葉をポジティブに捉えていた。それは、ドリフターズがバンドマンだったことにも通じる、実にミュージシャンらしいものの見方だった。

「三十年から四十年先に、もしカラオケが残っていれば、浜崎《はまさき》あゆみの曲を『当時、こんなのが流行ったんだよ』ということで、だれかが歌うかもしれない。いや、歌うだろう。だけど、その時もやはり（山下《やました》）達郎《たつろう》さんの『クリスマス・イブ』は、カラオケの選曲集に載っているに違いないし、いまと同じように十二月になれば街角で流れているはずだ。

このマンネリはすごい。（中略）オレは偉大なるマンネリ＝スタンダード・ナンバーだと考える。スタンダードとは、流行に左右されない確固たる標準という意味だ[*7]」

志村が若手芸人に、よく口にしていた言葉がある。それを聞いた一人、はんにゃの金田哲《かなださとし》はこんなことを書いている。

「（志村の誕生日会に参加した中で）一番嬉しかったのは、コントの話の流れで突然志村さんが、僕のほうを見て『でも、あなたもいいキャラ何個か持ってるじゃん』と言って下さったことです。志村けんさんに直接そんなふうに言ってもらえたこと、そもそも知って下さっていたこと、嬉しすぎて頭が真っ白になっていました。すると『それをやり続けることですよ』。この言葉は僕の中で生涯忘れられない言葉になりました[*8]……」

東村山音頭、ヒゲダンス、カラスの勝手でしょ、だいじょうぶだぁ……すべて、何度もやるうちに火がついた。志村にとって「続けること」は、「ネタを〝芸〟へと成熟させること＝スタンダード・ナンバーになる」と考えていたのだろう。まるで世代を超えたヒットソングを生み出そうとするかのように、志村はコントをつくり続けた。

番組スタッフは別の視点もあったのではないかと考えている。『志村けんのだいじょうぶだぁ』から晩年の深夜バラエティーまで携わったカメラマン・藤江雅和はこう語る。

「ゴールデン帯から深夜帯に移っても変わらずでしたね。深夜だとラーメン屋やスナック、引っ越し屋のおやじさんをやってましたけど、それはそれなりのキャラクターを演じてましたから。放送される時間帯に関係なくして笑わせたいという気持ちだったんじゃないですかね。あれだけの遅い時間帯だけども、『プロは見てくれてる』っていう。そういう意識があったと思いますよ」

また、『天才！志村どうぶつ園』で仕事をともにして以降、晩年までもっとも志村と親しかった企画・制作会社「クリエイティブ30」の上村達也は、そもそもの原体験が根底にあると口にする。

「教育者のお父さんがいて家に笑いがないときに、『雲の上団五郎一座』の舞台中継が放送されてフッと家族が笑う姿が忘れられないっていうのが根っこにあるんですよ。やっぱりテレビの向こうには、何万人って笑う人がいますからね。だから、笑いをやりたい。そこに理由はないです。志村さんがお笑いをやらなかったらダメになってると思いますよ」

放送される時間帯に関係なく、誰かが見てくれている。そして何よりも、かつて自分がそうだったように、コントによって救われる人がどこかにいるかもしれない。そんな「あなた」に向けてつくり続けたかったのだと思う。

＊１　鈴木旭「志村けんの愛弟子が明かしたマンネリの凄み『自分が飽きちゃダメ』」ｗｉｔｈｎｅｗｓ、２０２１年２月25日配信

＊２　ＮＨＫ「わたしはあきらめない」制作班・ＫＴＣ中央出版編『志村けん――わたしはあきらめない』（ＫＴＣ中央出版）

＊３　鈴木旭「ビートたけしが語った志村けんの光と影、ライバルに託した笑いの牙城」ｗｉｔｈｎｅｗｓ、２０２０年10月１日配信

＊４　鈴木旭「志村けんの愛弟子が明かしたマンネリの凄み『自分が飽きちゃダメ』」ｗｉｔｈｎｅｗｓ、２０２１年２月25日配信

＊５　鈴木旭、同記事

＊6　佐藤義和『バラエティ番組がなくなる日――カリスマプロデューサーのお笑い「革命」論』（主婦の友新書）
＊7　志村けん『志村流』（三笠書房）
＊8　金田哲「コントの神様・志村けんが残したもの　第4回はんにゃ金田『志村イズム』」お笑いナタリー、2020年4月28日配信

［特別インタビュー］

# ラサール石井が語る
# 〝舞台人〟志村けん
# 演出家として付き添った14年

## ラサール石井

らさーる・いしい●1955年、大阪府生まれ。芸名の由来は出身高校名。1980年にお笑いトリオ「コント赤信号」のメンバーとしてデビュー。相方は渡辺正行と小宮孝泰。高学歴を生かしクイズ番組に数多く出演しており、インテリ芸能人として知られている。バラエティー番組の司会、役者、アニメの声優に加えて、舞台の脚本家・演出家としても活躍中。2016年、ミュージカル『HEADS UP!』で第23回読売演劇大賞優秀演出家賞を受賞。舞台『志村魂』の演出を2006年の初演から務めた。

## 出会いは六本木のカラオケパブ

――最初に志村さんとお会いになったのはいつごろですか？

六本木交差点に程近いビルの地下にあった「六本木　弐阡壱年《にせんいちねん》」っていうカラオケパブです。そこは、麻布十番のMAHARAJA《マハラジャ》を手掛けた成田勝《なりたまさる》さんの弟さん（恭教さん）のお店で。芸能人の方たちがたくさんくるところだったんですよ。今は場所も上に移って、名前も変わってますけどね。

僕も毎晩のように通う中で、志村さんにお会いしてちょっと一緒に飲んだんですよ。お互いに「お笑い大変だよね」みたいな話をしたと思います。志村さんって、竜ちゃん（ダチョウ倶楽部・上島竜兵さん）みたいな感じで、時期ごとに仲よく飲む相手が決まっていて。

その最初が（片岡）鶴太郎さん。そこから田代（まさし）さんに移っていくんだけど、その端境期《はざかいき》ぐらいだったんじゃないですかね。『加トちゃんケンちゃんごきげんテレビ』と『オレたちひょうきん族』が視聴率で競ってた頃か、そのちょっと前くらいだと思います。

――石井さんは『オレたちひょうきん族』に出演されていて、当時はある意味でライバル関係にあったと思います。ドリフターズや志村さんのコントについてはどんな印象を持たれていましたか?

めちゃくちゃ面白いと思ってました。学生時代から『8時だョ!全員集合』も全部見てましたから。まだコント赤信号がストリップ劇場で活動していた頃、『ドリフ大爆笑』の〝もしもシリーズ〟で志村さんが医者のお爺さんに扮したコントがあって、「いかりや(長介)さんの足に注射打っちゃうのがめっちゃ面白かった」とかってメンバーと盛り上がってましたね。

## 『志村魂』の演出家になった経緯

——これまでに志村さんと番組で共演したことはありましたか?

一度もないですね。『志村魂』にたずさわる中で、一度シャレっぽく「今度、僕も出ようかなぁ」って志村さんに言ってみたんだけど、笑ってごまかされたから僕は出ちゃダメなんだなと思って(苦笑)。そりゃ志村さんとコントやってみたいじゃないですか。息がわかってきた2年目ぐらいに、「ちょっと僕が出るのもアリかな」なんて思ったんだけど、志村さん的には違ったんでしょうね。

——最後まで共演はかなわなかったと。そもそも、どういう経緯で『志村魂』にかかわることになったのでしょうか？

今はもうやめちゃいましたけど、8年目まで公演をプロデュースしていた「アトリエ・ダンカン」って会社があったんですね。そこの社長の池田（道彦）さんは、ナベプロ（渡辺プロダクション）のマネジャーをやられたあとに独立した方で。志村さんのいたイザワオフィスもナベプロ系だから、前から知っている仲なわけですよ。そこで、「池田ちゃん、（『志村魂』の）プロデューサーやってくれない？」ということになったと。

その池田さんが「お笑い全般の知見があって、なおかつ今の感覚で演出できるのは石井さんだ」と志村さんに伝えてくれて、こちらに話が回ってきたという流れです。僕は「そりゃもうやります」と二つ返事ですよ。僕は僕で、それ以前にけっこう池田さんと組んでやってたから、その影響も大きいでしょうね。

## 「これは面白いもんやらなきゃダメだ」

――『志村魂』に参加するにあたって、志村さんから「こんな舞台にしたい」というようなお話はありましたか？

志村さんってシャイだから、ほとんどそういうこと言わないんですよ。ただ、「新橋演舞場でやりたい」ということと、「バカ殿様をやって、コントを8本くらいやって、津軽三味線をやって、最後にお客さんを泣かせる松竹新喜劇をやる」という構成は決まっていたんです。志村さんは座長公演をやるのが夢だったんですよ。

――最初から「藤山寛美さんの演目をやりたい」という思いが強かったのでしょうか?

そうです。それがやりたくて始めた舞台ですから。藤山寛美さんをすごくリスペクトしていたし、あこがれていらっしゃったんだと思います。

志村さんって大阪っぽいものはあまりお好きじゃないけど、寛美さんがやっている「わざと吹かす」っていうのは忠実にまねしてましたね。劇中で、寛美さんが伴《ばん》心平《しんぺい》さんを吹かせるシーンがあるんですけど、何度見ても必ず同じところで吹かしてる。つまり、伴さんはわざとやってるんです。でも、お客さんからすると「今日だけ見られた」と感じる。そこに志村さんは共鳴したんでしょうね。

それから、ちょっと阿呆を見せるところも似てる。バカ殿様もたぶん、寛美さんの阿呆演技からきてるんじゃないかな。もちろん寛美さんとはまた違う阿呆なんだけど、そこで笑わせるって意味でね。ご自分のキャラと重なる部分もあったから、舞台をやるに至ったんだろうと思いますよ。

――志村さんの中で、松竹新喜劇一本で舞台をやろうという思いはなかったんですかね？

まさにそれが新橋演舞場の案だったんです。「１幕、２幕というような芝居じゃないと困る。バラエティーショーみたいなものはうちではやれない」と言われてしまったことで決裂しちゃった。志村さんは「子どもにも、お爺ちゃんお婆ちゃんにも笑ってほしい。だから、バカ殿様はやるんだ」って考えだったんですね。その直後に僕に話が回ってきたんです。

メインのキャストはダチョウ倶楽部、爺役に地井《ちい》（武男《たけお》）さん。あとは僕が選んでいいってことだったので、僕としては「これは面白いもんやらなきゃダメだ」と気負いこんじゃって。志村さんのお弟子さんを含めつつ、ちょっと演劇畑でも話題になるようなことがやりたいと思ったんですよ。

それで選んだのが、池田《いけだ》成志《なるし》と、イケテツ（池田《いけだ》鉄洋《てつひろ》）と、清水宏《しみずひろし》っていう、志村さんとまったく合いそうもない３人。でも、志村さんは「いいよ」と受け入れてくれてね。台本についても、志村さんのコントを長年書いてる朝長（浩之）さんに加えて、ＳＥＴ（劇団「スーパーエキセントリックシアター」）で一時期書いてた妹尾《せのお》匡夫《まさお》さん、劇団「ナイロン１００℃」を主宰するケラ（ケラリーノ・サンドロヴィッチ）っていう演劇畑の人間に声を掛けたんです。

## 初顔合わせで「わかってんのか、このハゲ!」

――思い切った人選は、石井さんの提案だったんですね。

「このコラボは面白いぞ!」と思ってやってみたんだけど、うまくいきませんでしたね。やっぱり志村さんって「誰が演っても面白い」というより、「自分の世界」を大切にしたい人なんです。だから、ケラの台本とかはまったく合わないし、妹尾さんの台本も合わない。それで僕は、ケラが書いた台本のコントには志村さんを出さないと決めて、その間に休んでもらうことにしたんです。

実際、志村さんを見にきたお客さんにはケラの台本がウケないんですよ(苦笑)、あまりにもシュールすぎて。志村さんもそれを見て「納得いかん。自分の出る前があんなに沈んでちゃ困る」とこぼしてね。妹尾さんの台本についても「リアリティーがない」ってことで、志村さんが酔っぱらってるって設定を加えたんだけど、ウケがイマイチで。「オレが酔っぱらって出てきて、あんなにウケないことはない」と不満げだったのを覚えてます。

1年目で失敗したとわかって、これは軌道修正しなきゃダメだと。それで翌年からは、朝長さんだけにお願いすることになったんです。やっぱり僕が意気込みすぎたんですよ。演劇的なシュールな笑いの中に志村さんを放り込もうとしたんだけど、相容れないものなんだってことを身に染みて感じましたね。

——作家さんと同じように、役者さんも志村さんとの相性が大きそうですね。

僕はSETの野添《のぞえ》（義弘《よしひろ》）さんを絶対に入れたかったから、なんとか調整してもらって3年目から出てもらいました。そしたら志村さんがえらい気に入っちゃって、野添さんを手放さなくなったんです。

バカ殿様ってお風呂のシーンに転換する間、忍者の寸劇があるんです。その忍者を野添さんがやるんだけど、めちゃくちゃ面白い。野添さんってお客さんからしたら初めての人なのに、出てきた瞬間からドカーンッとウケるんです。

その間、志村さんは裸の状態でお風呂に入って待ってるんだけど、けっこう長くやっても一切文句を言わなかった。普通だったら絶対に「ここ長いから縮めろ」って言うはずなんですよ。だから、よっぽど実力を認めてたんだと思います。

——認めた相手には文句を言わないというのが志村さんらしいですね。

同じ役者で言うと、東京ヴォードヴィルショー出身の坂本《さかもと》あきらさんも気に入られてました。ただ、それにはちょっと逸話があるんです。

最初の顔合わせで飲んだあと、カラオケができるワンルームに移動したんですけど、そこで泥酔した坂本さんが「いやぁ志村さん、本当に気分がいい。ラサールは本当にいい演出家ですから。ラサールをよろしく」なんて志村さんに絡むようになって。面白いからってことで、「坂本さんが歌おうとすると志村さんが歌う」っていうイジりをやり出したんですね。

坂本さんの「あれ？　変だなぁ」なんてリアクションで面白がってたんだけど、しばらくしたら、だんだん志村さんに近づいていって。同じように「ラサールをよろしく……」と絡み始めたと思ったら、「わかってんのか、このハゲ！」と声を上げて志村さんの頭を叩いたんです。今日初めて会ったのに。それで僕が、「坂本さん何やってんの！　もう帰りましょ」とか言ってお開きにしたんだけど、内心では「これはもうダメだ」と思って。

翌日、坂本さんに電話したら「僕、何かやったかなぁ」なんて言ってるの。「やったどころじゃないですよ！　これで降ろされてもしょうがないですからね」って切ったんだけど、予想に反して志村さんが気に入っちゃった（笑）。そんなハプニングもありながら、だんだん座組が決まっていったんですよね。

## 「うん、大丈夫」って言いながら大丈夫じゃない

――志村さんと言えばスタジオコントでも演出にこだわる方として知られていますが、総合演出を担当するにあたってのプレッシャーやぶつかり合いの心配はなかったですか？

志村さんは基本的に最後まで僕に敬語だったし、ぶつかり合いどころか「なかなか意見を言ってもらえない」っていう難しさがありました。公演がスタートして中盤に差し掛かってから、酔ったときに「あそこがなぁ……」ってなるんです。しかも、僕は家に帰っていてそこにはいない。

(乾き亭)げそ太郎っていう志村さんの弟子から、「石井さん、今芝居の話してますから、きたほうがいいですよ」と連絡がきて馳せ参じるって感じでした。そこで、「あそこがちょっとねぇ」なんて言われたら、「はい、変えます」っていうね。稽古のときに言ってくれたらなって思うんだけど、ためちゃう人なんですよ。

僕が「こうしたいんですけど、どうでしょう？」って伝えると、その場では「あ、はい」って答える。でも、本当は違ってたりするんです。最初はわからなかったけど、徐々に理解していった感じですね。

――どのあたりで、そんな志村さんの性格に気付いたんですか？

1年目に地方公演の名古屋で成志たちと飲んでたら、「ちょっときてくれ」と電話が掛かってきたんです。いざ志村さんのところに行ったら、「（ケラさんの）あのコントを切りたい」と言われて。「すみません、もうちょっと待ってください。ケラの手前もあるし、出番がなくなる役者もいるし。どうしてもこれだけはやらせてください」って説得して、なんとか予定通りやる方向でおさめたんです。

そのときに、「普段は言わないけど納得してないことがあるんだ」とはっきり認識しましたね。その後、僕もしつこく「本当にこれでいいですか？」って聞くようにしたんだけど、それでも「うん、大丈夫」って言いながら大丈夫じゃないってことが続きました。

たとえば東京公演の明治座が終わって、地方公演に行くと僕が行かなくなるじゃないですか。そうすると、「もうちょっとこうしよう」って演出を変えたりする。逐一、舞監（舞台監督）が「石井さん、あそこはこう変わりました」って教えてくれるから知ることになるんです。あるいは僕が地方まで行って、「すみません。こういうふうに書き直しましたけど、どうでしょうか」って提案したこともあります。やっぱりそのときも、「うん、じゃこれで」って言うんだけど、ちょっと気持ち悪くなると、また変わる（笑）。

ずっとやってた振り付けの人が降りることになって、志村さんが見つけてきた方が担当することになったときもそうでした。志村さんがダンスのところも見るようになったら、すごく楽しそうでね。「なんだ、ここもやりたかったんだなぁ」って。要するに、僕に気を遣ってくれてたんですよね。石井がやってるから、変えちゃ悪いだろうと。

――とはいえ、全14公演を手掛けているわけですから、演出家として相当信頼されていたと思います。

それは、第1回の舞台の構成がうまくいったからでしょうね。もともとはバカ殿様があって、ひとみばあさんとかのコントがあって、1幕の最後が変なおじさんだったんです。続いて、三味線を披露して、最後は芝居で泣かせて終わりだったんですけど、「やっぱり最後は志村さんっぽくカラッといきたいな」と思って。

土壇場で僕が「志村さん、変なおじさんを松竹新喜劇のあとに持ってきてカーテンコールいきたいんですけど、やらせてもらえませんか？」と伝えたら、「じゃあそうしよう」と受け入れてくれた。お芝居で泣いてから1回暗くなって、映像で「終わり」と出た後に「おまけ」と出る。そのあと、シリアスな別れと再会のシーンが始まって、最後にポンッと変なおじさんが登場した瞬間、ドカーンッとウケたんですよ。そこで志村さんが「これだ」「あれはうまくいったな」って喜んでくれた。信頼を得られたのは、それが一番大きいと思います。

## 演出を降りようと思ってサシ飲みした

――志村さんと最後にお会いになったのはいつごろになりますか？

今年（２０２０年）の２月22日にあった古希の誕生日会です。すごい元気そうだったから、安心してね。４年前の大阪公演で一度降板して以来、ちょっと年とっちゃったかなって感じがあったんだけど、顔色もよかったしちょっとふっくらしていたので。「そろそろまた今年の『志村魂』の話しなきゃな」って、そんな矢先の出来事でした。

――きっと志村さんも舞台のことを考えていたでしょうね。残念ながら亡くなってしまわれた志村さんに、届くなら言いたいこと、伝えたい思いなどあれば伺えますか？

まさか亡くなるなんて夢にも思わないじゃないですか。中村勘三郎《なかむらかんざぶろう》さんのときもそうだったけど、死ぬなんて思っていない人が亡くなるとビックリしますよ。「最近見ないなぁあの人。でもだいぶ年なんだろうな」と思っていて亡くなれば「そっかぁ病気だったんだ」とかって心も追いつくけども。昨日まで元気だった人が急に亡くなるとやっぱりね……。いまだに実感が湧かない。

2016年に倒れられた翌年かな。『志村魂』の演出を十何年やったけど、実は演出を降りようと思ってサシ飲みしたんですよ。基本的には同じことをやってるから、実のところ僕がいなくても舞台は回る。それで一回ちょっと飲んでくださいってお願いしたんです。

その席で僕が、「これでギャラもらうのは恐れ多いですから、志村さんが演出なさったらどうでしょうか。あるいは別の人を入れて新しいことをやってもいいし。もう僕はいなくてもいいんじゃないですか?」って伝えたら、志村さんが「いや、石井ちゃん。オレも、もう何年できるかわからない。好きにやりたいんだよ。だから、石井ちゃんも肩に力入れず、らくぅ〜にやってくれよ」とおっしゃいましてね。

それで肩の荷が下りたんです。そこから、2人でスタッフやプロデューサーに対して「こうしたほうがいいですよね」って意気投合するようになりました。

ある時期に、いつも頼んでいた会社が変わって照明とかを含むスタッフが一新したんですよ。これがちょっとイマイチだったから、2人で戻してくれって訴えたことがあって。そのとき、けっこう強めに志村さんも主張していてね。そんな姿を見るのはほとんど初めてってくらいに。そこでお互いに共闘して「言いましょう」とやれたから、あのときサシ飲みして本当によかったと思いました。

僕自身、あの一件以来、「志村さんがやめると言うまではやろう」と決意を固めたところがあったんです。それがこんな形で途絶えちゃうなんてね。僕も志村さんも、もうちょっと年をとって、年とったなりのことをやりたかったなって思うんだけど。今何を伝えたいかといっても、「次、何しましょうか？」っていう打ち合わせのことしか浮かばないんですよ。

## 取材を終えて

『志村魂』の第1回公演は、さまざまな思いが寄せられた舞台だった。キャスト、脚本のクレジットを見て、その異色さに当時は目を疑ったものだ。しかし、2年目以降はいつものよく見るメンバーに落ち着いた。結果的に、初回は二度と見られない貴重な公演となった。

石井さんを演出に迎え、志村さんも新しいチャレンジには前向きだったのではないだろうか。一度は受け入れたうえで、実際に「ウケない」という事実にイライラしたのだと思う。それは「子どもにも、お爺ちゃんお婆ちゃんにも笑ってほしい」という思いに反することだからだ。

波乱の幕開けだった『志村魂』は14年続く人気公演となり、最後まで石井さんは演出家としてたずさわった。何を変え、何を変えないべきか。志村さんと石井さんは、毎年舞台裏で秘かにせめぎ合い続けた。それだけに、ドカーンッとウケたときの喜びはひとしおだったことだろう。

（初出　ｗｉｔｈｎｅｗｓ、２０２０年11月26日配信）

［特別インタビュー］

# 志村けんとの7年、川上麻衣子が見た素顔「心許せる人と深めた笑い」

## 川上麻衣子

かわかみ・まいこ●1966年、スウェーデン・ストックホルム生まれ。1歳で帰国。1980年のNHK『ドラマ人間模様【絆】』で女優デビュー。同年の『3年B組金八先生・第2シリーズ』で注目を浴びる。1996年、映画『でべそ』で日本映画プロフェッショナル大賞主演女優賞を受賞。その後も、ドラマ・映画・舞台と幅広く活躍。その他、エッセイの執筆、北欧の絵本の翻訳も手がける。2016年にスウェーデンから直輸入したインテリアや小物、自らデザインしたガラス工芸品などを揃えたセレクトショップ『SWEDEN GRACE』を開店。

## 初対面は「犬を介して」

——川上さんが30歳の頃に、女優の故・可愛《かわい》かずみさんを介して志村さんと出会ったそうですね。志村さんの最初の印象ってどんな感じでしたか？

当時、私がかずみちゃんと同じマンションに住んでいて。ある日、かずみちゃんが「今日、師匠（可愛さんが呼んでいた志村さんのニックネーム。後に川上さんもそう呼ぶようになった）と会うんだ」「今日から犬飼うみたいで連れてくるらしいよ。一緒に会おうよ」って言ってきたんです。

かずみちゃんは自分の部屋に人を入れるのが好きじゃないタイプで、「麻衣子ん家行ってもいい？」ってお願いされたから「別にいいよ」ってＯＫしたけど、内心は「えー、志村さんがくるの⁉」と戸惑いもあって（笑）。

最初は緊張しつつ、「はじめまして……」みたいな感じでご挨拶したんですけど、ふと見たら胸元にゴールデンレトリバーの子犬を抱えていて。後の愛犬・ジョンなんですけど、当時は本当にちっちゃくてかわいかったんです。師匠も私も人見知りなので、あまり面と向かって話はできなかったんですけど、お酒を飲みながら犬を介してちょっと会話してって感じでした。

## 「芸人さんじゃなく女優さんに手伝って欲しい」

――シャイ同士だと犬がいると助かったりしますよね。しばらくして、『Shimura-X』のお誘いがあったときはどんなお気持ちでしたか？

師匠から「お芝居だけどコントの要素があるものをやりたいから、芸人さんじゃなく女優さんに手伝って欲しい」って言われたんです。結局、私はコントの道へズルズル引き込まれて、7年ぐらいやらせてもらったんですけど（笑）。やっぱり、師匠が嬉しそうな顔で笑ってくれたりすると、私も嬉しかったんですね。

それまでの私は、シリアスなドラマに出ることが多くて、ぜんぜんそういう畑じゃなかった。ただ、もともとコメディーにはすごい興味があったので、すごくやりたかったんです。そういう意味で、師匠との時間は本当に勉強になりました。

――『Shimura-X』は、ゴールデン帯から深夜帯に移った最初の番組です。世間で「志村けんが死んだ」という噂が出た時期でもあります。

スポーツ紙に出るって話があった日に、実は師匠と2人でご飯食べてたんですよ。事務所から電話がきたっていうので、師匠が一度席を立って戻ってきたら早々に「なんかオレ、死んだみたいだよ」って言うんです。私もよく分からなくて「え～!?」

って驚いて（笑）。

当時の師匠は、自分の番組以外にはまったく出ていなかったので、世間の人からすると私生活が謎だったんでしょうね。本人はその時期を低迷とは考えてなかったと思いますよ。

それまでが忙し過ぎたから、逆に好きなことがゆっくりできるという感じで捉えていたんじゃないですかね。私とお仕事している頃から、「旗揚げして舞台をやるのが夢だ」っていうのはおっしゃっていましたから。

## 「行き当たりばったりのものは嫌い」

――そこは世間と温度差があったのかもしれませんね。志村さんは、バラエティー番組の主流がコントから企画モノに移っていった時代をどう見られていたんですかね？

基本的に師匠は、行き当たりばったりのものは嫌いで、つくり込んだものが好きでした。しかも、自分が信頼できるスタッフや共演者としかつくらないっていう。ただ、あるときからガラッと変わりましたね。いろんなバラエティーに出るようになって、そこから本当に忙しくなりました。

――視聴者目線からすると、ナインティナイン・岡村隆史さんが「アイーン！」をやっていたのがきっかけだったように思うのですが、川上さんはどう思われますか？

もともと仲のよかった（ビート）たけしさんから、師匠が東スポで賞をもらったことがありましたよね（1997年の「第6回 東京スポーツ映画大賞」で特別賞を受賞）。その頃は、まだトークバラエティーに出る前。たけしさんが「コントを追求し続ける最後の芸人だ」と評価されたあたりから、またクローズアップされたのかなという印象はあります。

当時は「カリスマ的な存在」としてゲストに呼ばれるような感じだったと思うんですけど、実際に出てみたら意外と師匠も楽しかったんじゃないですかね。若い芸人さんと話したりとか、いろんな出会いがあったりして。

## 高倉健との共演に「どうすりゃいいの」

――1999年に公開の『鉄道員《ぽっぽや》』で、志村さんは役者として映画スターの故・高倉健さんと共演されています。ちょうど『Ｓｈｉｍｕｒａ－Ｘ』シリーズの放送時期と重なりますが、オファーを受けた際の心境など、何かお聞きになっていますか？

ちょうどよく飲んでるときだったので、師匠から「オレ、やっても大丈夫なのかな？」って相談されたんです。びっくりして「当たり前ですよ！　絶対やらなきゃダメ!!」って（笑）。

でも、本人はぜんぜん自信がなかったみたいで「どうすりゃいいの。現場も知らないし」と言うので、私も熱くなって随分と説得した記憶があります。

もちろん自身の中では出るって決められていたのでしょうけど、私とかに話をすることで現場の雰囲気などを聞きたかったのかもしれませんね。

――気後れしている志村さんの表情が目に浮かぶお話ですね（笑）。ちなみに、志村さんがトークバラエティーでよく話していた「携帯電話の留守電に入った高倉健さんからのメッセージ」はお聞きになりましたか？

聞いたかな……。ただ、映画の現場のことをすごく嬉しそうに口にしてましたね。「撮影のときにコーヒー入れてもらったんだ」とか、楽屋でどうしてくれたとか、ずっと健さんの話をされてましたよ。

## 「酔っ払い役」一つにも強いこだわり

――1989年からだいじょうぶだぁファミリーで舞台もやっていましたが、4年で打ち切りになっています。そういう流れもあったのか、『Shimura-X』は舞台に向けたコントにシフトしていた気もします。

藤山寛美さんが好きでしたから、悲喜劇をやりたい、という意味では『Shimura-X』もそういう考えがあったのかもしれないですね。ただ、スタジオコントよりも、生の舞台が師匠はずっと好きだったみたいです。

飲んだりしてるときは、お笑いの根本的な考え方みたいなことを真剣に話してくださいました。覚えてるのは、師匠が酔っ払い役をやるときの演じ方について語ってくれたこと。

台本には「電柱でつまずく」ぐらいしか書かれていないんですけど、お笑いにするには「その人に会社で何があったのか」「なんでこうなったか」を考えないと面白くならない。「人は酔っている姿を見ただけじゃ面白いとは思わない」っておっしゃっていたのが印象的でした。コントの奥深さをたくさん教わりました。

## 限られた人たちとしか深め合えない笑い

――「喜劇役者」という言葉がしっくりくるエピソードですね。志村さんの著書『変なおじさん【完全版】』の中で、「コントは、やってる連中同士が仲よくならないとできない」と書かれていましたが、オフの関係性こそコントに生きるという考え方が強かったんでしょうか?

そういう気心知れている人とじゃないと、できないタイプだったとは思いますね。「はじめまして」というところから、できるような人ではないので。

『Shimura-X』でも時間が経つにつれて、「この人に何をさせればこうなる」というのが見えてくるんでしょうね。ネタも、だんだん循環してくるんですよ。前にやったような流れのコントだなとか。そんなとき、師匠の好き嫌いがはっきりと分かった気がします。

師匠はそんなにいろんな人と仕事をしなかったように、本当に信用して心を許せるような関係性の中でコントをつくっていたように思います。限られた人たちとの中でしか、深め合えない笑いだったんじゃないですかね。

## シーンとした会議室「ウワァ〜っ」

――故・太地喜和子さん、柄本明さんなど、そうそうたる名優が志村さんの大ファンだったことで知られていますが、川上さんはどんなところに志村さんのすごさを感じましたか?

師匠が納得してつくり上げる世界って、「わー面白いな」とか「腹抱えて笑う」という感じではなかったですね。どちらかと言うと、ちょっと寂しげでちょっと暗い感じもするんですけど……ただ、その大本の世界観をつくって、ご本人が立って演じるっていう師匠の力は、ものすごいものがあると感じました。

一緒に飲んでいたときに、過去のコントの話をしてくれたことがあるんですけど、「ブラインドの影をどうするか」とか「音楽は切ないのを使って、ここで落として」とか、そういう演出まで含めて考えるのが好きでしたね。

――『Shimura-X』シリーズでは、そういったこだわりを感じるところはありましたか?

基本的には台本を渡されるんですけど、本番の収録日の、前の週に一回出演者全員で集まるんですよ。会議室でシーンとしながら、いつ終わるか分からない感じが2時間ぐらい。

一応台本はあるんですけど、師匠がもっと練りたいっていう思いが強かったんでしょうね。師匠が「う〜ん……」ってうなりながら、私たちに「なんか面白いことあった?」とか聞くんです。みんなとくに何を言うでもなく、またシーンって感じでしたよ、ずっと。

最終的に師匠が「じゃこんな感じで」って言うと終わりになって、ご飯を食べに行くという流れでしたね。あとで聞いたら、ドリフの会議でもそうだったそうで。

だから、師匠にとっては普通だったんでしょうけど、私たちはもう本当にウワァ〜って緊張の時間でした。

## 「家族が欲しい。でもひとりになりたい」

——ドリフのつくり方を深夜番組でも継続していたのはすごいですね！　志村さんってプライベートでもコントでも、ファミリーを軸に生きた人だと思うんです。『8時だヨ！全員集合』から『となりのシムラ』まで、一貫して家族モノのコントが多いですよね。

ご自身が家族を持たなかったですからね。自分が成し得なかったものを反映するほうが考えやすかったという気もします。家族を一歩引いて見ていたから、その面白さを描けたのかもしれないって。でも、本人は家族がすごく欲しかったのかもしれないし、それは分からないですけど。

師匠って、閉ざしてしまうと本当に閉ざす印象があるんですよね。私なんかでも、「あ、今日は入り込めないな」っていう壁みたいなものを感じることは何度もありました。そういうクールさみたいなものを含めて、師匠の独特の雰囲気なんですよね。

矛盾はいっぱいあったんだと思います。「家族が欲しい。でもひとりになりたい」

みたいな気持ちとか。それとは別に、師匠はロマンチストなんですよ。すごく二枚目だったし、そういう部分が根本にはあるのかもしれないですね。

――2006年からスタートした舞台『志村魂』に川上さんは出演していません。すごく意外だったんですが、お誘いはなかったですか？

出たかったですね。地方公演も含めて、私がお客さんとして見に行くことは多かったんですけどね。「また一緒にやろうね」って言ってくださっていたので、実現できなくなってしまい本当に残念です。

最後にお会いしたのが、今（2020年5月）から8カ月ぐらい前。私のセレクトショップが谷中《やなか》（東京都台東区）にあるんですけど、師匠があの辺を散策する番組のロケでお店をのぞいてくれて。それっきりになってしまいましたね。

## 「もっと役者の師匠も見たかったな」

――それは悔やまれますね……。最後に、残念ながら亡くなってしまった志村さんに、何か思うところ、伝えたいことがあれば伺えますか？

まだ実感がなくて。悲しみがあんまりこないんですよ、不思議と。コロナの危機感っていうのが、師匠からはじまったようなところがあって、すごく長い夢を見ているような感じ。「あれ？　いつ師匠出てくるのかな」って思ってしまうというか。もし魂があって、向こうで師匠が見てるんだとしたら「いや、参ったよ」「なんだかなぁ……きちゃったよ」って言ってる気もするし、その半面で「まぁしょうがないか」って言ってる感じもするんですよ。もしかすると、「意外によかっただろ」って言ってるかもしれないですね。師匠の芸は残ってますから。そう考えると、ある意味で格好いい終わり方だったのかなと思うこともあります。

私は子どもの頃、ドリフの公演に行けなかったクチなんですよ。だから、ずっとあこがれていて『志村魂』を見たときに「あ、これだ！」ってすごく嬉しかった。昔と変わらず、今の子どもたちも「志村、後ろー！」って言うんですよ（笑）。師匠は言葉のいらないコントが好きで、世界に通じるようなお笑いをまっとうされたと思います。

映画も見たかったですね。ＮＨＫの『エール』も素敵でしたものね、余計なことしないからこその存在感があって。後半は、今までと違う人生が見られたかもしれないですね。もっともっと役者の師匠も見たかったな。

［特別インタビュー］

川上麻衣子

## 取材を終えて

川上さんの口から「本人はその時期（ゴールデン帯から深夜帯に移った頃）を低迷とは考えてなかったと思いますよ」と聞いて、私は胸をなで下ろした。冷静になれば志村さんの著書『変なおじさん【完全版】』にも、「視聴率競争とかには関心がなかった」と書いている。はじめから本人は、テレビスターに興味などなかったのだ。

とはいえ、コントづくりには共演者とのチームワークを重視していて、「お互いが気をつかわない関係になるには時間がかかる」といった趣旨のことも記している。そんな志村さんの思いとは裏腹に、番組が半年足らずで打ち切られたこともあった。テレビでコントを続ける難しさに骨を折ったことは間違いないだろう。

幼少期に大笑いし、思春期で一度離れ、大人になって改めてその偉大さに気づく。それが志村さんの笑いだ。人に会わせるのが気恥ずかしくなる、シャイでひょうきんな父親のように、振り返れば「当たり前にいる」という安心感があった。多くの人が志村さんの悲報に涙したのは、そんな「近しい存在であること」をまっとうしたからだと思う。

志村さんは、NHK連続テレビ小説『エール』で役者としての新たな一面を見せてくれた。川上さんだけでなく、誰もが亡くなったことを実感できないのは当然だろう。『志村けんさん追悼特別番組 46年間笑いをありがとう』（フジテレビ系列）で高木ブーさんが語ったように、まだテレビでは本当に志村さんが「ずっと生きている」のだから。

（初出 withnews、2020年5月28日配信）

［第5章］

# プロフェッショナル

芸能界広しと言えど、志村ほど人間性と仕事が密接に結びついたタレントは珍しいだろう。コント収録では映画人顔負けのセットと撮影にこだわり、視聴者や番組関係者を喜ばせようと徹底的に準備していた。また共演者から刺激を受け、時間を掛けて俳優業へと歩を進めていったあたりに慎重さと謙虚な姿勢が垣間見える。「目は口ほどに物を言う」ということわざがあるが、志村は多くを語らず常に〝生き様〟で気持ちを示した。この生々しさこそ、〝近さ〟の核心だったように思えてならない――。

## コントのリアリズム

私は、志村ほどリアリズムにこだわったコメディアンを知らない。美術スタッフは、およそコントとは思えないリアルな舞台セットを制作した。「志村けんに文句は言わせない」という思いから、スタッフが総力を挙げて準備するのだ。

ダチョウ倶楽部・上島竜兵と肥後克広は、その異常なこだわりについてこう語っている。

「コントセットにしても、机の引き出しの中身まで用意されているんです。ただ、机置いて終わりじゃないんですよ。居酒屋のコントでも、必ずゴミ箱に〝生ゴミ〟が入っているっていう。けど、別に使わないいし、一切触れない。コントの世界観を出すための〝雰囲気〟ってだけなんです」（肥後）

「さっき食べたであろうお弁当の残りとかがあるの。女優の倍賞千恵子さんが、志村さんと一緒にコントやったときに驚いたみたい。『映画の現場でもこんなことしてないのに』って。消え物（芸能分野の専門用語で、食品・洗剤などすぐ消耗する小道具を指す）にしても、ほとんど本物が出てくるしね」（上島）

「結局、『使う、使わない』は置いといて、全部揃えている説得力ってことでしょうね。本当にぜいたくなコント。そこまでする番組なんて、ほかにないと思いますよ[*1]」（肥後）

数々のコント番組でカメラマンを務めた藤江雅和は、プライベートでの交流を深める中で、その原点とも言える志村の洞察力に驚いたことがあったという。

「ある水曜日に、志村さんからお誘いを受けて六本木に向かったんです。サシ飲みですよ。普通の居酒屋、ちょっと高い居酒屋、六本木のクラブ……いろいろと移動する中で、志村さんから『テーブルの汚れ方が違うだろ』と言われたんです。あとは、『高級なところ行くと、タバコ一本吸い終わったら灰皿持っていって替えるじゃん』とかってことも。『そういうのを画の中にちゃんと入れてね』と言われて、それを僕に教えたかったんだと悟りました。それから、庶民的な居酒屋の外に灰皿をバーンッと持っていって吸い殻を山盛りにして押し倒すとか、見た目や容姿から雰囲気を出すっていうのはよくやりましたね」

雰囲気づくりは、ホラー映画からも影響を受けている。前出の藤江が続ける。

「たとえば窓のない部屋があったとしますよね。すると、志村さんは『月明かりみたいに、照明をブルーにしてくれ』って言うんです。照明さんが『え、窓ないですよ?』って言うと、『いいから、そうしてくれ』みたいなやり取りをしたことがありました。どういう効果があるかって言うと、照明をブルーにするとインパクトのある怖い画になるんですよ。そういうのをベースにして、前後のシーンを肉付けしていくってことがありました。具体的な作品でいくと、ホラー映画の『13日の金曜日』がお好きらしくてパロディーを何度かやりましたね。何が好きだったかって、最終的に指に爪の小道具をつけてガラスを〝キィ～ッ〟って鳴らすってオチですよ(笑)。それまでは怖くもっていって、最後はお笑いっていうギャップが面白いんです」

『全員集合』の象徴とも言える大きなセットが倒れる〝屋台崩し〟は、志村の番組でも引き継がれている。危険が伴う現場では、独特の緊張感が漂っていたという。

「たとえば縁側とかの間口が入り口だとしたら、そこだけがバルサ（軽量で壊れやすい木材）になっていて、志村さんはそこしか抜ける場所がない。ほかは全部本物で、本番は撮り直しがきかない一発勝負です。流れで全部行くから心配でね。志村さんに『大丈夫ですか？』って聞きしたら『見えない』と。僕と同じで遠視だから、近いと見当が付きづらいんですよ。それで、カメラの位置とかである程度の場所をわかるようにして。志村さんは『みんなを信頼してるから大丈夫だよ』と言ってましたけど、リハーサルなしのどうなるかわからない状況で。もちろん撮影は成功しましたけど、あれは本当に緊張感ありましたね」（藤江）

BGMや効果音選びにも余念がなかった。とくに「おなら」の音源に対するこだわりは有名だが、どんな音源も実際の現場で流すのが志村流だ。これを目の当たりにしていた藤江は、志村にとって「コントと音はワンセットだった」と語る。

「オチにいくまでにシビアだったり寂しい感じだったりするコントは、実際の現場で全部音を出しますからね。志村さんが『ここはこの曲でいきたい』って用意してるんですよ。それをいくつもサンプリングしてあって、いつ何を言われてもボタンを押せば出るようになっていました。オナラも同じです。志村さんはオナラのレコードを持っていたから、本当にいろんな種類があって（笑）。それを現場でやるのと同時に出す。多少ズレても構わないから出すっていうのはこだわってましたね。ドラマだったらワンシーンごと撮るから、そんなの無理じゃないですか。志村さんはそれを同次元でやりたい。雰囲気でいきたいっていうのはあったと思います」

何よりも志村が大事にしていたのは生の笑い声かもしれない。観客の笑い声こそ、「コメディアン・志村けん」を形成していたのだろう。

「よくバラエティーとかで笑いを足すじゃないですか。志村さんはあれが嫌いで。『ドリフ大爆笑』は足してますけど、『だいじょうぶだぁ』や『バカ殿』については足してないと思います。やっぱり生の声で笑ってほしいっていう思いが強かったんでしょうね。公開収録なんかで観客の反応によって中身が変わるんですよね。何か一つのことをやろうとして、実際に笑いが生じる。そうすると、本来は1回で終わるところを2、3回繰り返したり、また違った内容で持ってきたりっていうのはアドリブでありましたね。お客さんの声がくると、気持ちがノッてくるんだと思います。それもあって、『舞台は絶対にやめない』と言ってましたから」（藤江）

本物からコントをつくる。それが志村流の笑いだった。世界中の人間が笑うのは、そのリアリズムに裏打ちされてのことかもしれない。

## 常識は凡人、個性は変人

セクハラまがいの行為を繰り返すキャラクター「変なおじさん」で知られる志村だが、実生活では至って常識人だった。とくに時間厳守は徹底していたようだ。

「当たり前と言えば当たり前の話だが、昔から最低でも十分前には約束の場所に到着するようにしている。それは、相手がどんなに偉くても、有名でも、金持ちでも、年下でも、後輩でも、まったく変わらない。仕事のスタート時点では、いつも相手と対等でいたいと思っているからだ[*2]」

約7年間にわたって付き人を務めた乾き亭げそ太郎の著書『我が師・志村けん――僕が「笑いの王様」から学んだこと』によると、志村は毎朝ニュースを欠かさずチェックし、すべてのスポーツ紙に目を通していたらしい。世間の常識を知ることで、「ネタのヒントにならないか」「自分の感覚にズレがないか」を日々確認していたと思われる。

日本テレビ系列の『天才！志村どうぶつ園』など多くの番組で企画・制作を担当し、プライベートでも親交の深かった上村達也は、志村からこんなことを聞いたそうだ。

「志村さんが言っていたのは『常識は凡人、個性は変人』ということ。常識を知らないと非常識なことはできないってことです。そんな個性を視聴者は見たいんだっていうのが志村さんの持論でした。視聴者から見て自分は立派な変人でなければいけない。『変なおじさん』じゃなきゃいけないってことですよ」

「変なおじさん」でいるためには、見る者が何も考えずに楽しめるものでなければならない。だからこそ、志村の準備には余念がなかった。

「制作予算の割り振り（セット、出演者のキャスティング……）に始まり、ネタのすり合わせまで、すべてがピタっとジグソーパズルのように適材適所にはまってこそ、輝く笑いが作れるというもの。それもこれも、すべては完璧な下ごしらえがあってこそだ。

でも、その下ごしらえが相手に見透かされるようじゃ、ぜ〜んぜんいけない。苦労した跡がバレるようじゃダメ。あくまでもサラっと自然に、が基本だね［*3］」

「下ごしらえ」は、職人の仕事を思わせる。数多くのコント番組で志村と仕事をともにしたカメラマン・藤江雅和は、その仕事ぶりをこう語っている。

「ゲストの方がいらっしゃったときっていうのは、コントを準備するのもかなり早め。すでにいろいろと考えておいて、ゲストを待たせない。そういう志村さんとお仕事していくと、どんどん周りのスタッフも先を見据えて動くようになるんですよ。あれがすごく助かりましたね［8］。肝心なときの『これしかない』っていうような〝決まりの画〟があるじゃないですか。それを志村さんが要求しているなら、それは絶対に外せない。『これだけの広い画でこうなります』っていうのを早めにセッティングして、美術さんとか照明さんとかに確認してもらうっていうような連携をとっていました」

スタッフに指示するには、発信源である志村自身も準備をしなければならない。自宅で映画やドラマ、バラエティーをチェックするだけでなく、様々なジャンルに興味を持ち、足を運ぶ労力を惜しまなかった。前出の上村は、その熱心さについてこう語っている。

「番組で共演しているタカアンドトシのライブも僕と行きましたし、お笑いのライブは全部観てるんじゃないかっていうくらい観てますよ。それから、音楽のコンサートもよく一緒に行きましたね。ポール・マッカートニー、中島《なかじま》みゆきさん……本当にいろいろです。嵐の東京ドーム公演なんて、立ち上がって身を乗り出して観てましたよ。エンターテイメントの内容は違うけど、『全員集合』の屋台崩しであったりとか、そういうものともつながってくることなんでしょうね」

情報収集は、何もエンタメだけにとどまらない。周囲を喜ばせるため、プライベートでサプライズすることもよくあった。

「27年くらい前の年の暮れに、僕が家の建て直しをしたんです。引っ越しが終わって、いざ正月を迎えようとしたら、東芝のバズーカっていう大きなテレビが届いて。『え、間違いでしょ?』と思ったら、『いえ、志村康徳さんからです』と。家建てたとか何とか一言も言ってないですよ。たぶん、どっかで話を聞き込んだんでしょうね。年明けの最初の収録のときに感謝の言葉を伝えると、志村さんが『大丈夫、だいじょうぶ』って。多くは語らないんだけど、それぐらい気を遣ってくれる人でした」(藤江)

「出会ってから、毎年のように志村さんが僕の誕生日を祝ってくれました。ただ、ある年にうちのスタッフが開催してくれたときがあるんですよ、本当にリーズナブルな鉄板焼き屋でね。そこにフラッと志村さんが来たんです。『どうしたの?』って尋ねると、『誕生日だと思って』と返してくる。前日に志村さんと誕生日会やったばっかりなのに(笑)。志村さんが運転手に僕の居場所を探させたんでしょうね。それで、うちのスタッフに電話したんだと思います。『突然行ってビックリさせてやろう』みたいな、そういうすごくおちゃめなところがありましたね」(上村)

常識と非常識の間を行き来し、自分自身を理解してくれる相手にはできる限りのもてなしをする。それでいて、一瞬の笑顔のために費やした時間や労力は、決して相手に悟られないよう振る舞うのだ。この姿勢は、コントでもプライベートでも変わらなかった。「目の前の一人を楽しませること」が志村の笑いの根幹だったのだろう。

## 「シリアス無言劇」をつくった理由

「志村さんは僕にしかいろんなこと言わないんですよ。誰とも話さないですからね。どんなに偉い人がいても、僕をワンクッション置いてそっちに聞こえるように話す。僕なんかが見てると、ものすごく石橋を叩いて渡るタイプなんですよ」

「仕事は基本的に1日1個しかしないですよね。『朝出るときに1本目の仕事はこれ、2本目の仕事はこれって考えるだけで嫌なんだよ』って。不器用だから、1個しか全力投球できない。ただ、だからこそ自分の好きなところでは誰にも負けないっていう自負と努力と、狂気の世界を持っていたんじゃないですか」

これは、『天才!志村どうぶつ園』で仕事をともにして以降、晩年までの約17年間でもっとも親交の深かった上村達也の言葉だ。同じ番組で企画・演出を担当した清水星人は、志村との出会いをこう振り返る。

「レギュラーが始まって半年ぐらいは目も合わせてくれなかったですからね。話し掛けても僕を見ない。初めて打ち解けたなって思ったのは、『清水くんさ、オレ清水くんの携帯番号知らないよな』って言われたときです。それがやっと懐に入れたなって思えた瞬間でしたね」

だからこそ、一度受け入れた相手には目を掛ける。前出の上村は、それが志村の寂しがり屋だった理由ではないかと口にする。

「あるとき、ディレクターが変わることになって、ものすごいドリフファンの若いディレクターをあてたんです。そうすると、志村さんはディレクターの意見を自分なりに面白くしてやろうって考える。志村さんはそういうのがすごく多かった。『まず自分を好きでいてくれること』が第一なんですよ。だから、どっかに飲みに行くにしても、『今日は忙しい』っていうのは絶対ダメ（笑）。『断らない男です』って人じゃないと。家族で一番末っ子だったり、ドリフでも最年少だったりってこともあるだろうけど、それが寂しがり屋って言われる所以かもしれない」

志村がある時期までドリフと自分以外の番組に出なかったのは、「コントが好きで仕方ない」というほかに、こうした性格によるところも大きいだろう。

そんな志村が一切笑いのないシリアスなドラマで役者を演じたことがある。『志村けんのだいじょうぶだぁ』で何度か放送された「シリアス無言劇」と呼ばれるものだ。早くから志村は「役者には興味がない」と話していただけに、視聴者に強烈なインパクトを残した。

「シリアス無言劇」は、あくまでも俗称で正式なタイトルではない。セリフはなく、オカリナ奏者・宗次郎《そうじろう》の「悲しみの果て」をBGMに、志村といしのようこがサイレントドラマを繰り広げる。

若夫婦が子どもを身ごもるも、出産時に妻が他界。男手一つで娘を必死に育てていくと十数年後、高校生になった娘が妻と瓜二つだったという物語。また別の回では、亡くなった妻を見つめながら、過去を回想する老人のシーンから始まり、楽しく過ごした時間や苦労を掛けた日々が流れる。そして、最後は亡くなった妻の口元に紅を塗り、2人で海へと身を投げるといったストーリーなど、ハッピーエンドからシビアな展開まで幅広かった。

なぜ志村はこれをつくったのか。実際にこのドラマのカメラマンを務めた藤江雅和はこう語る。

「最初に志村さんから『音楽ベースでセリフなしでつくりたいんだけど、どうだろう？』と言われたんですよね。音楽と映像だけで15分～20分ぐらいっていう。きっと宗次郎さんのオカリナが好きになって、『じゃこれをベースにやるには何かな？』って考えたと思うんですよ。だから、音楽が先にあって、そのイメージにセリフはなかったっていう。『この曲が生きるものは何か。コントじゃないな』って発想ですよね」

一方で、それより以前にドラマ撮影経験を持つ藤江にとっては、「願ったりかなったり」だったという。

「カメラマン冥利に尽きるような撮影じゃないですか。セリフのない画をどんどん撮ってつくっていこうっていう。志村さんも『お好きにどうぞ』と言ってくれたから、ディレクターと『どこにどうしましょうか』『じゃこのアングルで、ああしてこうして……』と話し合ってできたんですよ。志村さんも喜んでくれたし、カメラマンとしてはやり甲斐を感じる仕事でした」

2009年2月9日に放送された『しゃべくり007 大物ゲストもう呼ばないで2時間

SP』の中で、志村は「笑わせるのは難しいし、泣かせるのは簡単だってみんな言うじゃないですか。じゃ本当かやってみようかって。それまでずっと笑わせて最後泣かせてみようかってつくったの」と口にしている。

そう本人が語っているし、実際にそうなのだろうが、実行に踏み切る理由としてはどこか腑に落ちない思いがあった。そんなとき、ふと脳裏によぎったのが志村と藤江のエピソードだ。あらゆる作品をチェックすることで知られる志村だが、藤江が唯一先に見ていたドラマがあった。

「僕は『北の国から』（フジテレビ系列）が大好きで。レギュラー放送されていた時期なんですけど、志村さんに『見たことありますか？』って聞いたんですよ。そしたら、『何それ』と返ってきたので、『絶対に見てくれ』『画で感動できるから』ってお勧めしたんです。すると次の週には『VHS買った。見たよ』って。『え、もう見ちゃったんですか？』って驚くと、『見た見た。これあげる』ってテープ（VHS）をプレゼントされてね。志村さんは別にレーザーディスクを買ってたから、ありがたくいただきましたけど（笑）。とにかく、それぐらい勉強家なんです」

『北の国から』は、北海道の壮大なロケーションで撮影された家族の物語だ。また、さだまさしの情緒溢れる「北の国から 遥かなる大地より」をはじめとするインストゥルメンタル曲をバックにドラマは展開していく。

これは推測だが、シリアス無言劇をつくったのは志村のどこかに『北の国から』があったからではないか。毎週のようにコント番組で力を注いでくれるカメラマンの藤江に、大好きな世界を撮らせてあげたい……。そんな優しさや気遣いがなければ、自分の番組とはいえ当時の志村が役者をやろうとしたとは思えないのである。

## 必然的に生まれた役者・志村けん

2020年度の前期に放送されたNHKの朝の連続テレビ小説『エール』で、役者・志村けんは全国的に知れ渡った。山田洋次《やまだようじ》監督の映画『キネマの神様』の出演が控えていただけに、今後、お笑いの世界だけでなく役者としての活動も視野に入れていたのかもしれない。

長い間、役者のオファーを断り続けた志村だが、コントへの向き合い方はほとんど芝居と変わらなかった。よく演じていた酔っぱらい役は、人物の背景からしっかりとつくり込まれていた。

「何か頭にきたことがあって飲んだ時と、いいことがあって飲んだ時では、相手に対する接し方がずいぶん変わる。頭にきてて飲んでる時は、そばにいるクラブの姉ちゃんぽいのに『オイッ、姉ちゃんよ。どこに帰るんだ！』って怒っちゃう。

何かすごくいいことあって、しかもクラブでもモテて、若い子をちょっとさわってきたという酔っぱらいなら、電車に乗り込んでからも、若い女の子のそばに行って『ムフッフッ』とか言って、また足をさわったりする[*4]」

芸術選奨文部大臣新人賞など、数々の賞を受賞している名女優の太地喜和子は、志村の大ファンだったことでも知られている。志村が演じる老婆のコントについて、劇団「文学座」の座員にこんなふうに話していたそうだ。

「ね、志村さんは本物のおばあさんに見えるでしょ。だからおかしいのよ。芝居をするんじゃなくて、まずそう見えるかどうかなのよ[*5]」

演劇界からの評価は高く、「志村けんとでなければコントはやらない」という俳優は多かった。そのうちの一人、柄本明はこんなことを口にしていたという。

「どんな仕事もあまり緊張しないのに、志村さんとやると緊張する。だから、緊張したくなったら、コントをやりたくなるんですよ」*6

数多くのコント番組で志村とともに仕事をしたカメラマン・藤江雅和は、アクションや任俠映画で活躍した俳優・梅宮辰夫《うめみやたつお》が緊張していて驚いたと語る。

「『バカ殿』で『必殺シリーズ』のパロディーコントをやるときに、ゲストの梅宮辰夫さんが志村さんに対してすごく緊張していたと思うんですよ。飾り職人がかんざしを研ぐシーンを演じるにあたって、僕に『カメラマンさん、これでいいかな？』って言うから、『梅宮さんがやりやすいようにしたら僕が画をつくりますから』と伝えたんです。そしたら、『じゃこれでこうして……。大丈夫？』ってまだ確認してくる。あんな大御所の方も緊張するんだなってビックリしましたね」

志村がはっきりと役者を意識し始めたタイミングは、2006年にスタートした舞台『志村魂』だと考えられる。藤山寛美の芝居が演目に含まれているからだ。ただ、その起点となったきっかけは複数ある。その一つが、志村と多くのコントで共演した俳優・渡辺徹の影響だ。

「収録が終わると、志村さんは必ず飲みに誘ってくださるんです。そこで芸についての話を聞かせてもらったり、志村さんのほうから劇団のお芝居についてよく聞かれたので『こんな稽古して、こんな感じでやってます』っていうようなことを話したりもしましたね。

（中略）

ある日の飲みの席で、僕が『だったら志村さん、客前でお芝居なさったらどうですか？』って伝えたんですよ。『藤山寛美さんの作品を志村さんがやったら面白いだろうな』とか『人情噺っていうのは志村さんに合うと思うな』みたいなことを口にしたら、志村さんも『オレも好きなんだよね』とおっしゃっていて。

（舞台の）『志村魂』が始まったのは、その流れもあったのかもしれません[*7]」

一方で、前出の上村達也は、志村が「母ちゃんを楽しませるために舞台をやる」とよく口にしていたと語る。

「『母ちゃんが喜ぶんだ』『母ちゃんが一番のオレのファンなんだ』と言ってね。だから、初回の公演でお母様が車椅子でお見えになったとき、志村さんが『客席から「けんちゃーん！」って声がしてくるんですよ。恥ずかしいよ』って照れつつ、すごく嬉しそうだったんですよね」

これに加えて、久世光彦が作・演出した2003年の舞台『沢田・志村の「さあ、殺せ！」』も含まれるだろう。つまりは、コントで共演した役者から刺激を受け、芝居の舞台を経験し、母親を喜ばせたかったというのが本当のところかもしれない。

いずれにしろ、『志村魂』は毎年恒例の人気舞台となり、コントと人情喜劇の両輪で観客を魅了した。そして2014年には、メイクやカツラは一切なしのコント番組『となりのシムラ』が始まっている。もちろん笑いどころはあるが、志村が等身大の中年男性を演じるのは初めてだ。今振り返れば、この番組が朝ドラ『エール』への布石だったと言える。

フジテレビ系列の深夜バラエティー『志村だヨ！』『志村笑！』などで共演していた笑福亭笑瓶は、晩年志村が本格的に役者に挑戦するようになった理由をこう分析している。

「年齢も関係してる気がしますね。70歳に差し掛かるタイミングでの出演ですから。年齢を重ねると、若いときのような身の動きができないでしょ。笑いとしての武器が衰退してしまうんですよ。そこで、トークでいくのか、おじさんキャラでいくのか、どんなふうに自分を見せていくのかって壁が立ちはだかる。

それと僕なんか今は白髪でしょ。昔と同じようにやっても、白髪だけで笑いがとれなくなる。つまり、やってる本人はよくても、周りが『かわいそう』と思ってしまう壁も出てくるわけです。落語家の名人芸や杉兵助師匠のように、老いが味になるってことはありますけど、普通に考えてバラエティーで活躍するのは難しい。第一線でお笑いやるのって、よっぽどのことなんです[*8]」

前提として『となりのシムラ』と同じ演出家だった縁で、朝ドラに出演したという経緯もあっただろう。ただ、年齢を重ねるうち、徐々に志村が芝居の世界へとシフトしていったのはたしかだ。前出の上村は、そもそも役者がやりたかったのではないかと口を開く。

「三木（のり平）さんの本とかも読んでいて『面白い』って言ってたし、あとは由利徹さんとか、ああいう東京の喜劇っていうのは大好きだったんですよ。スラップスティックのドタバタしてるのばかりじゃなく、ストーリー性がちゃんとあって泣いて笑ってってっていうようなものが。だから、もともとそういうドラマが好きだったんですよね。演じるかどうかは別として。志村さんって高倉健さんにお願いされて、『鉄道員』って映画でワンシーンだけ出てるんですよ。それ以降、『次に映画に出るのはいつか』って自分からは言い出せない。そんなときにＮＨＫの『エール』で演じるほうをやって。それが一つの布石だったんですね。『嫌だよ、役者なんて。何日もとられて』とかって冗談で言ってましたけど、本心はやっぱりやりたかったと思います。晩年に俳優業で活躍した、いかりや長介さんのことがあったし、三木のり平さん、藤山寛美さん、そういう人たちのことがありますから。そしたら、松竹映画の１００周年、しかも監督は山田洋次さんってオファーがきて。この映画については、すごく志村さんも前向きでしたよ。数々の喜劇映画を撮ってきた山田監督ですからね。そこは心境も変わったんだと思います。年齢を重ねて、そういう見せ場に応えられるっていう自信を持ったんじゃないですかね」

朝ドラ『エール』での演技には凄みがあった。かなうなら、もう少しだけ役者・志村けんの活躍を目に焼きつけたかったのが正直なところだ。

# 仕事を家族に

結婚するタイミングは、きっと何度もあっただろう。著書『志村流 遊び術』（マガジンハウス文庫）には、同棲相手とのトラブル、交際相手の実家を訪れて両親に挨拶したエピソードなどが書かれている。

テレビでも本でも「子どもが欲しい」と語っていたし、家族を持ちたいという気持ちはあったのだと思う。にもかかわらず、なぜ志村は結婚しなかったのか。詰まるところ、仕事に入り込んでしまう性格が大きいように感じてならない。

コメディアンという仕事上、夜遊びがネタになることもある。じゃんけんの「最初はグー」[*9]や都はるみの「好きになった人」で盆踊りを踊るコント[*10]は、クラブのホステスさんとのアフターでカラオケに行ったときに生まれた。また、「アイーン」の表情は、芸者遊びで出会った女性からヒントを得ている。[*11]

やるからには徹底するタイプだ。コント番組でカメラマンを務めた藤江雅和、『天才！志村どうぶつ園』の企画・演出を担当した清水星人は、仕事と向き合う志村をこう述懐する。

「志村さんってゴルフがお好きで、ちょくちょくご一緒していたんです。それが『志村魂』で津軽三味線を披露するってときに、『今度、お暇なときにゴルフどうですか？』と尋ねたら、『ゴルフやめた』と。『ゴルフやると、三味線の感覚が鈍るから一切やってない』って言うんですよ。それ聞いて『すごいなぁ』って思っちゃって。津軽三味線を自分のものにするためには集中しなきゃいかんと思ったんじゃないですかね。そういう陰の努力は、かなりしていたと思いますよ」（藤江）

「あるロケの前日に、『パンくんにこういうのどうかな？』って電話が掛かってきたんです。すっごい夜中ですよ？　たぶん、お酒を飲みながら収録のギリギリまで『どうしようかな』って考えてるんです。それぐらい一つの仕事に集中して、緊張して取り組んでたってことだと思います。ロケバスの中でもずーっと何かを考えてる。移動の時間が長いと『寝てくれないかな』って思ったりもしたんですけど（笑）、でも寝ないで、たまにボソッと『やっぱりこっちのほうが驚くと思うんだよな』とか言い出したりする。タレントさんによっては、ロケバスでオフになって寝る人もいるんですけど、あんまり師匠が寝てるのを見たことないですね」（清水）

志村はとにかく仕事を最優先に生きていた。おのずと番組関係者との距離は親密になる。よりいいものをつくろうとする過程で、時には揉めることもあったようだ。ただ、それをはるかに凌ぐ信頼関係が築かれていった。

前出の藤江は、「あわよくば今の奥さんと別れてもいいから、僕が志村さんと結婚したかったなって（笑）。『志村魂』に僕の子ども連れていくと『かわいいかわいい』って自分の孫みたいに接してくれるんです。それ見て、『優しい人なんだな。誰かいねぇのかよ！』と思っちゃって」と唇を噛む。それほど志村に魅せられた一人だったのだろう。

晩年までをもっともよく知る上村達也は、古希を迎えた志村に新たな期待を寄せていた。

「志村さんが70歳になってね、僕は『今年は一番いい年になるね』って話していたんです。オリンピックの聖火ランナーの話があって、何よりもいよいよ役者として花開くってときでしたから。そんなタイミングでコロナに感染しちゃってね……」

2020年3月29日、志村は新型コロナウイルスによる肺炎で他界してしまう。この訃報を受けて放送された2020年4月4日の『天才！志村どうぶつ園 特別編』を見ても、共演者と家族のような近さがあったことは一目瞭然だった。志村との思い出を回想し、彼（彼女）らがこぞって口にしたのは、「優しい」「情に厚い」「お父さん」という言葉だ。いかに志村を慕っていたかが垣間見える。
それは、番組で関わったスタッフにおいても同じだ。前出の藤江、清水、上村は、志村が亡くなったときのことをこう振り返っている。
「亡くなった当初は受け入れられなかったです。倒れた、入院した、人工呼吸器つけてるって、どんどん悪い情報しか入ってこないじゃないですか。『お見舞いに行けないしね』なんて言ってたら、『いや、肉親の方もダメなんで』って聞いて、あらら……みたいな。それで、亡くなったって聞いて。本当によくわからなかったですね。ただただ、妻と一緒に三日三晩くらい泣いてましたよ」（藤江）
「志村さんが亡くなったあとにスタッフに言ったのは、『死んでないから』ってことです。高木（ブー）さんもおっしゃっていましたけど、死んだようなナレーションかけるのはやめようって言って。やっぱり死に顔見てないし、全然僕の中で終わってないんですよね」（清水）
「3月24日は『キネマの神様』の本読みで山田監督と顔合わせの日だったんですよね。『調子が悪い』と聞いてたから3月17日に電話したんだけど、出なかったんですよ。LINEの返事もこない。そのときにちょうど家で耐えていたみたいで。たぶん、『24日の顔合わせまでには治してやる』って必死だったんじゃないかって思うんです。表にも出ないで『この日までに治さなきゃ』って。それが結果的にこうなってしまったんだけど。早めに病院に行ってね、24日から延ばしてもらう勇気があればね……。もしかしたら、よかったのかもしれない。誰にも『さよなら』を言えないまんま逝っちゃったんですよね。志村さんの付き人から『危ない』と聞いて、それが最後なんです。だから、そんな病気かよって。そのときは泣きましたよ」（上村）

職人気質の父親の顔を持つ半面、最後まで志村は無邪気な子どものようでもあった。その魅力について、テレビ朝日系列の番組『志村&鶴瓶のあぶない交遊録』など多くの番組で共演した笑福亭鶴瓶はこう語っている。

「あの方はプロ。笑わないお父さんの笑顔かな。それを追求してはんねんと思いますよ。お父さんを追求する。で、お母さんはお母さんで、自分の子どもの頃からの普通の部分っていうんか。いつまでも〝けんちゃん〟でおれるという部分があるんだと思う。両方ありますよね[*12]」

いつからか視聴者は、志村を身内のように眺めていた。それは番組関係者との密なつながりが、そのままテレビ画面を通して伝わっていたからではないだろうか。

「年末年始に去年（2020年）やった志村さんの特番が再放送されてましたけど、すごいアップで何かを食べてるシーンなんか見ると、『そうそう。このシワと、この食べ方！』って。リアルに向かい合っているような感覚になるんです。あと志村さんってめっちゃいい匂いするんですよ。あれは香水じゃないな、柔軟剤かな……そういうの思い出しちゃいますよね」（清水）

「人知れずいろんなものを見てるし、聞いてるし、情報収集してる。けど、志村さんってそういうところを見せないじゃないですか。当たり前のようにこなす。それだけでも敵わないですよ。僕が言うのもなんですけど、『第二の志村けん』は現れないでしょうね」（藤江）

「ある番組で『バカ殿』の顔の塗り方と酔っぱらいの演じ方っていうのをやったんですけど、もう秀逸でしたよ。何でも自分の笑いにするっていうね。常に日常にあるものを観察して、自分の体を使って演じるっていうところでは日本で一番だったんじゃないですか」（上村）

無邪気に笑い、感動的なＶＴＲで素直に泣き、失敗談で笑わせ、褒められると恥ずかしそうに照れる。その一方で、コント番組や舞台に挑戦し続ける気丈な姿勢も見せてくれた。私たちは、いつしか家族のように感じ、テレビをつければ「当たり前にいる」とさえ思うようになっていた。

放送作家・劇作家として知られる井上ひさしの名言に「むずかしいことをやさしく、やさしいことをふかく、ふかいことをおもしろく、おもしろいことをまじめに、まじめなことをゆかいに、そしてゆかいなことはあくまでもゆかいに」[*13]というものがある。志村は、まさにこれを体現したコメディアンだった。

誰にでもわかる笑い。誰もが楽しめる笑い。シャイで不器用な変なおじさんの笑いは、世界中を爆笑させるスケールの笑いだった。志村の存在が誰にとっても近いのは、自分を好きでいてくれる人（母親）と、普段は笑わない仏頂面の人（父親）とを、同時に楽しませたかったからだと思えてならない。

＊1　「『志村さん、笑ってないよ…』ダチョウ倶楽部が見た喜劇役者の背中」withnews、2020年7月10日配信
＊2　志村けん『志村流』（三笠書房）
＊3　志村けん、同書
＊4　志村けん『変なおじさん【完全版】』（新潮文庫）
＊5　志村けん、同書
＊6　志村けん、同書

［第5章］
## プロフェッショナル

＊7　「『志村さんは死んでいない』渡辺徹が語った『近くて尊いスター』」withnews、2020年10月29日配信
＊8　「志村けんから一喝『わかってないんだよ!』笑福亭笑瓶が見た〝凄み〟」withnews、2020年11月12日配信
＊9　志村けん『志村流 遊び術』（マガジンハウス文庫）
＊10　志村けん『変なおじさん【完全版】』（新潮文庫）
＊11　志村けん『志村流 遊び術』（マガジンハウス文庫）
＊12　NHK『ファミリーヒストリー』での発言、2018年5月28日放送
＊13　井上ひさし「前口上」こまつ座『the座 第14号』1989年9月2日発行

# あとがき

これを書いているのは、2021年3月28日。つまり、明日が志村さんの一周忌だ。昨日まで編集者と改稿のやり取りをするギリギリのスケジュールで進行し、明日校了とはちょっと出来すぎじゃないだろうか。志村さんが妙なことを書かないように、僕を監視していたのかもしれない。

昨年10月21日、この本の最初の打ち合わせがあった。編集者から「志村さんについての鈴木さんの考察を読みたい」と言われて、真っ先に僕は「ハードルが高すぎる」と口にした。コントにまつわる膨大な情報量に加えて、デビュー当時からのファンや親しい方たちの思いを、僕のような一介のライターが抱えられるわけがない。何よりも僕は単なる視聴者で、志村さんにお会いしたことさえないのだ。ただただ、「おこがましい」と思った。その気持ちは今も変わらずにある。

一方で、「書きたい」という衝動も同時に湧き上がった。以前、渡辺徹さんにインタビューした折、僕が「志村さんって、なんか〝近い〟んですよね」と口にすると、「そう、近い！　いいこと言うなぁ……」とすごく共感してくれたのが印象的で頭から離れなかった。必然的に「けど、なんで近いんだろう？」という疑問がぐるぐると頭の中を駆け巡り、その謎を解いてみたいという思いに駆られたのだ。打ち合わせが終わる頃には、「頑張ってみます」と頭を下げていた。大バカ者である。

本を書いてみて改めて感じたのは、「志村さんはバンドマン上がりのコント職人だった」ということだ。実際に音楽や効果音で笑わせる仕掛けもあるが、何よりもコントに対する姿勢が実にミュージシャンらしい。本編でも紹介した「オレは偉大なるマンネリ＝スタンダード・ナンバーだと考える」という言葉は、それを象徴している。いつかは擦り切れて聴こえなくなってしまう名盤のレコードに針を落とすように、生み出したキャラを晩年まで大事に大事に演じ続けたのだと思う。

また、コントによっては、噴水のように湧き出る水、トースターから飛び出す食パン、家の天井から落ちてくる猫など、まるでテーマパークのような楽しい演出が施されている。こうした点も、いわゆる「お笑い」のつくり方ではない。ザ・ドリフターズの文脈から続く、海外のコメディー映画、テーマパークのアトラクションなどからヒントを得たものと考えられる。こうした軽妙な仕掛けについても、やはりミュージシャンらしいと感じてならないのだ。

昨今、「面白い」というだけでなく、「楽しい」「愉快」と思わせる芸人、コメディアンがどれくらいいるだろうか。志村さんのコントを「古典」と言ってしまうのは簡単だが、僕はそこに大事な問題をはらんでいるように思う。

たとえば楽曲の記録メディアが、アナログレコードからデータ、サブスクの時代へと移る中で失われたものは何か。それは、音色の豊かさだ。音はデータ化された時点で、一部の音が圧縮されて聴くことができない。逆に言えば、人が楽曲を聴くうえで必要のない音をカットし、洗練された部分だけを収めているのである。

粒の揃った音源は、耳あたりがいいしストレスを感じることはない。しかし、人間臭い粗《あら》さやアナログならではの手づくり感は失われてしまう。そういう意味でレコードは、もっとも生々しい音を収めた媒体なのだ。まさに志村さんのコントは、この〝奥行き〟を持っていた。現在、主流となっているお笑いとの決定的な違いと言えるだろう。

データでは聴くことができない愉快な音色を、志村さんは途切れることなく晩年まで奏でた。だからこそ、ご逝去されたことでドッと悲しさの揺り返しがやってきたのではないか。志村さんの音色が豊かだったからこそ、聴こえなくなってしまった喪失感も多大だったという気がしてならない。これも一つの〝近さ〟と言える。きっと志村さんのコントは、今後ますます支持され続けるだろう。なぜなら、唯一無二のコメディアンはもう過去の映像でしか見られないのだから――。

最後に、ダチョウ倶楽部・肥後克広さん、寺門ジモンさん、上島竜兵さん、並びに、渡辺徹さん、伊東四朗さん、笑福亭笑瓶さん、ラサール石井さん、川上麻衣子さん、インタビュー記事の掲載をご快諾いただき心よりお礼申し上げる。また、この本を出すにあたってご理解いただいたイザワオフィスの方々、あらゆる面で親身にご協力くださった株式会社太田プロダクション・重成静香さん、原稿にご意見をいただいた勝田哲夫さん、貴重なエピソードを語っていただいた株式会社クリエイティブ30の上村達也さん、株式会社ニューテレスの藤江雅和さん、日本テレビ放送網株式会社の清水星人さん、すべての方々に切に感謝する。

そして、弱気な僕を屈託のない励ましで支えてくれた編集者・大坂温子さん、この本を書くきっかけを与えてくれたwithnews編集長・奥山晶二郎さん、そのほか、この本に関わってくれたスタッフの方々、本当にありがとう。みなさんのお陰で、無事に書き終えることができた。これが初めての本だと思うと今でも身震いする。どこか一箇所だけでもいい……志村さんが喜んでくれたら幸いだ。

# 参考文献

〔書籍〕


志村けん『変なおじさん【完全版】』新潮文庫、2002年
志村けん『志村流』三笠書房、2005年
志村けん『志村流 遊び術』マガジンハウス文庫、2020年（2004年の単行本を再編集）
志村けん『志村けん 160の言葉』青志社、2020年5いかりや長介『だめだこりゃ』新潮文庫、2003年
いかりや長介『だめだこりゃ』新潮文庫、2003年
居作昌果『8時だヨ！全員集合伝説』双葉文庫、2001年
上田文世『笑わせて笑わせて桂枝雀』淡交社、2003年
NHK「わたしはあきらめない」制作班・KTC中央出版編『志村けん――わたしはあきらめない』KTC中央出版、2003年
小佐田定雄『枝雀らくごの舞台裏』ちくま新書、2013年
乾き亭げそ太郎『わが師・志村けん――僕が「笑いの王様」から学んだこと』集英社インターナショナル、2021年
小林信彦『喜劇人に花束を』新潮文庫、1996年
小林信彦・萩本欽一『小林信彦 萩本欽一 ふたりの笑タイム――名喜劇人たちの横顔・素顔・舞台裏』集英社文庫、2017年
佐藤義和『バラエティ番組がなくなる日――カリスマプロデューサーのお笑い「革命」論』、主婦の友新書、2011年
高田文夫・笑芸人編著『ありがとう笑名人 第一巻』白夜書房、2003年
髙平哲郎『由利徹が行く』白水社、1996年
藤山寛美『あほかいな――半生談議』毎日新聞社、1976年
松本人志『遺書』朝日新聞社、1994年

［雑誌］
井上ひさし「前口上」こまつ座『the座　第14号』1989年9月2日発行（電子書籍版・小学館、2016年）
「欽ちゃん78歳の人生どこまでやるの!?⑩　欽ちゃん、志村けんを初めて語る『今、一番必要な人なのに…』」『週刊文春』2020年5月7日・14日ゴールデンウィーク特大号
西崎伸彦「志村けん　愛と憎しみの『全員集合』①『師であり敵』いかりや長介を倒せ」『週刊文春』2020年8月13日・20日夏の特大号
西崎伸彦「高木ブー、仲本工事が初めて語った　志村けん『全員集合』と下剋上」『週刊文春』2020年8月27日号
西崎伸彦「高木ブーも惜しむ　志村けん『加藤茶との離別』」『週刊文春』2020年9月3日号

［ネット記事］
「TBS『加トケン』名物企画　米版28年目で金字塔　英版も27年目へ」ORICON NEWS、2017年6月8日配信
金田哲「コントの神様・志村けんが残したもの　第4回　はんにゃ金田『志村イズム』」お笑いナタリー、2020年4月28日配信
鈴木旭「『志村さん、笑ってないよ…』ダチョウ倶楽部が見た喜劇役者の背中」withnews、2020年7月10日配信
鈴木旭「ビートたけしが語った志村けんの光と影、ライバルに託した笑いの牙城」withnews、2020年10月1日配信
鈴木旭「『志村さんは死んでいない』渡辺徹が語った『近くて尊いスター』」withnews、2020年10月29日配信
鈴木旭「志村けんから一喝『わかってないんだよ!』笑福亭笑瓶が見た〝凄み〟」withnews、2020年11月12日配信

## 参考文献


鈴木旭「ラサール石井が語る〝舞台人〟志村けん 演出家として付き添った14年」withnews、2020年11月26日配信
鈴木旭「志村けんの愛弟子が明かしたマンネリの凄み『自分が飽きちゃダメ』」withnews、2021年2月25日配信

〔映像〕
テレビ朝日『驚きももの木20世紀』1994年12月2日放送
日本テレビ『しゃべくり007 大物ゲストもう呼ばないで2時間SP』2009年2月9日放送
NHK『SWITCHインタビュー 達人達』2015年11月14日放送
日本テレビ『笑神様は突然に…志村けんが南の島にやってきた2時間スペシャル』2018年4月4日放送
テレビ東京『たけしが行く！ わがままオヤジ旅3 古都金沢…爆笑珍道中』2018年4月14日放送
NHK『ファミリーヒストリー』2018年5月28日放送
TBS『中居正広の金曜日のスマイルたちへSP』2019年4月5日放送
日本テレビ『天才！志村どうぶつ園 特別編』2020年4月4日放送
日本テレビ「誰も知らない志村けん 残してくれた最後のメッセージ」『24時間テレビ 愛は地球を救う43』2020年8月22日放送
フジテレビ『志村友達』2020年11月17日放送
読売テレビ『特盛！よしもと 今田・八光のおしゃべりジャングル』2020年4月4日放送

鈴木 旭
（すずき・あきら）
バンドのギターとして3年半活動した後、放送作家、芸人コンビとの合同コント制作、トークライブのサポート、ネットラジオの構成・編集などの経験を経て、ライターに転向。withnewsなどのウェブ媒体を中心に執筆活動をしている。

# 志村《しむら》けん論《ろん》

2021年4月30日 第1刷発行

著者　鈴木 旭
発行者　三宮博信
発行所　朝日新聞出版
〒104-8011 東京都中央区築地5-3-2
電話 03-5541-8832（編集） 03-5540-7793（販売）
印刷製本　広研印刷株式会社


ISBN 978-4-02-251746-3